Séneca: Consolaciones

Séneca: Consolaciones

Lucio Anneo Séneca

Traducción: Celia Akram

Segunda Edición: 2026

Diseño de cubierta y maquetación: Saul Rojas

Edita: Plutón Ediciones X, S. L.,
E-mail: contacto@plutonediciones.com
http://www.plutonediciones.com

Impreso en España / Printed in Spain

I.S.B.N: 978-84-10233-55-3
Depósito Legal: B-17860-2024

Prólogo

Lucio Anneo Séneca nació en la actual Córdoba, España, hacia el año 4 a.C. No se sabe mucho de su vida hasta el año 41 d.C. y la información que existe al respecto es porque él mismo la escribió. De cualquier manera, procedía de una familia distinguida de la alta sociedad en un momento histórico en el que Hispania estaba en auge dentro del Imperio Romano.

Al parecer, pasó los primeros años de vida en Roma, junto a su tía Marcia, la hermanastra de su madre. Aunque Marcia tenía bastante dinero, se afirma que, en esta época, Séneca vivió en una habitación encima de un baño público. Sea esto verdad o no, lo que sí se sabe es que, durante ese período, le enseñaron la retórica y fue introducido al estoicismo por el filósofo Atalo.

En el año 16, acompañaría hasta Alejandría a Marcia y su marido, que fue nombrado gobernador de Egipto. Allí aprendería nociones de administración y finanzas mientras estudiaba la geografía y etnografía egipcias e india, y empezaba a desarrollar su interés por las ciencias naturales, en las que acabaría destacando en geología, meteorología y oceanografía.

En su estancia en Egipto, conocería el misticismo pitagórico, al igual que los cultos a Isis y Serapsis que, en aquella época, estaban ganando adeptos entre los romanos. Esto lo llevaría a hacerse vegetariano, aunque después acabaría inclinándose por el estoicismo y seguiría esta doctrina durante toda su vida.

Volvió a Roma en el año 31 y, a pesar de su delicado estado de salud, pues sufría asma desde pequeño, fue nombrado cuestor, este puesto formaba parte del *cursus honorum* y era el magistrado de menor rango dentro del imperio. Eso marcaría el inicio de su vida en la política, donde destacó como orador y escritor.

Para el año 37 se había convertido en el orador principal del Senado, levantando los celos de Calígula que ascendió a emperador y, según parece, ordenó la ejecución de Séneca. Si bien, esto no llegó a suceder, pues una mujer cercana a Calígula lo convenció, alegando que ya gozaba de una mala salud y, además, estaba enfermo de tuberculosis, por lo que no viviría mucho.

Esto hizo que Séneca abandonara el cargo y se retirara de la vida pública. Pocos años después, en el 42, con la muerte de Calígula y el ascenso de Claudio, volvería a ser condenado a muerte por este, si bien, al final, la condena se conmutó por un destierro a Córcega. No se saben las causas de esta condena con seguridad, pero se dice que pudo haber sido por cometer adulterio con la hermana de Calígula, algo que resultaba bastante improbable.

Su destierro duró ocho años, y regresaría a Roma en el 49, gracias a Agripina la Menor, que, además, lo nombró pretor. Poco después, en el año 51, la misma Agripina haría que lo ascendieran a tutor de Nerón, que más tarde se convertiría en emperador.

En el año 54, Claudio moriría envenenado, según algunos historiadores, por la misma Agripina y su hijo, Nerón ascendería al trono. Séneca fue nombrado, junto a Sexto Afranio Burro, consejero y ministro por el joven Nerón, que contaba con tan solo 17 años.

Durante los próximos ocho años, gobernarían de facto el imperio. Sin embargo, conforme Nerón iba creciendo, iba alejándose cada vez más de la influencia de Séneca, y llegó un punto en el que un consejero lo acusó de haberse acostado con Agripina, lo que daría inicio a una campaña de desprestigio contra el filósofo.

En el año 59, Nerón acabaría matando a su propia madre, Agripina, y esto marcaría el inicio del fin para Séneca. Para el 62, con la muerte de Burro y la campaña de desprestigio cada vez más fuerte, Séneca pidió el retiro, que le fue concedido, de forma que pudo alejarse de la peligrosidad de la corte.

Séneca murió en el año 65, tras ser condenado a muerte por conspirar contra Nerón, algo que, en realidad, no sucedió, pero Nerón, aprovechando la conjura de Pisón, decidió librarse de aquellos que consideraba peligrosos. Sabiendo que Nerón sería cruel, decidió suicidarse para evitarlo, y tras un par de intentos, murió asfixiado en una sauna a causa de su asma.

De él nos han quedado sus grandes obras, que reflejan su modo de pensar y vivir. En este libro, hemos recopilado las consolaciones en orden cronológico: *Consolación a Marcia*, *Consolación a Helvia* y *Consolación a Polibio.*

Consolación a Marcia

Fue escrita alrededor de los años 37-41 d.C. a Marcia, una conocida suya que llevaba de luto por la pérdida de su hijo desde hacía más de tres años. En este documento,

Séneca pone de manifiesto uno de los puntos principales de la doctrina estoica: aceptar la muerte como algo natural e inevitable. En esta carta, Séneca le dice a Marcia que la muerte de su hijo, aun si es trágica, responde al orden natural de las cosas, ya que todo cuanto vive debe morir. Además, compara dos modelos ante la pérdida de un hijo: el de Octavia la menor, que ante la muerte de su hijo no pudo contener los llantos y el de Livia, que decidió enterrar sus llantos y lágrimas junto a su hijo fallecido.

A pesar de que hoy puede parecer que Séneca fue insensible al escribir esta carta, a lo largo del texto él se muestra comprensible con sus sentimientos, pero insiste en que nada puede durar para siempre y trata de hacerla comprender que puede vivir lo que le resta de tiempo en paz y tranquilidad si logra superar la pérdida.

Consolación a Helvia

Escrita alrededor de los años 41-42 d.C. tras la condena al exilio de Séneca por Nerón, del que fue tutor, y la muerte de uno de los hijos de Séneca, dos hechos que marcaron las vidas de Séneca y de su madre, Helvia, a quien dedica esta Consolación. Su madre no había tenido una vida fácil, pues había vivido la pérdida de su madre y la de su marido más adelante. Séneca habla sobre estos sucesos y expone que todos los infortunios vividos ayudan a fortalecer para las desgracias venideras.

A través de esta carta, asistimos a la consolación más íntima de Séneca que, a pesar del dolor propio por la pérdida de su hijo, se mantiene estoico en su pensar y actuar, defendiendo sus creencias y poniendo de manifiesto que, aun cuando está en el exilio, está bien y tiene todo cuanto necesita, puesto que la naturaleza se lo da.

Consolación a Polibio

Fue escrita alrededor de los años 42-43 d.C. a raíz del fallecimiento de su hermano, Séneca decide dedicarle un escrito a Polibio confiando en que este le ayudará a superar la pérdida y a actuar como debe. Aquí se pueden apreciar perfectamente las ideas estoicas de Séneca, que en esa época ya estaban muy arraigadas en él. La carta gira entorno a un tema: cómo el ser humano debe hacer frente a la vida, el dolor y la muerte. Este es un tema fundamental en la filosofía estoica y Séneca habla de ello con crudeza a lo largo de la carta.

Aun cuando intenta ser comprensivo en sus palabras, no deja de ser cruelmente sincero en sus opiniones y expresiones, diciendo cosas como que no hay que sentir lástima por los que ya no están, puesto que no pueden ya padecer males ni enfermedades o que uno debe mantener las apariencias como el capitán de una nave intenta que nadie vea su tristeza.

Consolación a Marcia

Oh, Marcia, yo no tendría la osadía de salir al encuentro de tu sufrimiento, cuando hasta los hombres conservan el suyo, se abandonan a él y todavía lo acarician, si no supiese que tu ánimo no se encuentra menos alejado de las debilidades de la mujer que de sus otros vicios, y que tus costumbres se admiran como ejemplo de la antigüedad; ni en tiempo tan poco oportuno me hubiese elogiado ante un juez tan enemigo y con acusación tan grave, de hacerte perdonar tu desgracia. Me inspira mucha confianza tu virtud probada con resplandeciente testimonio y la célebre fortaleza de tu ánimo. Nunca se ha olvidado tu comportamiento con relación a tu padre, al que no querías menos que a tus hijos, con la gran diferencia de que no esperabas que te sobreviviera, a pesar de que no sé si lo llegaste a desear, ya que el cariño inmenso se permite cosas superiores a los más legítimos sentimientos. No permitiste, mientras te fue posible, que tu padre Cremucio Cordo se diera la muerte. Al hacerte ver que, teniendo alrededor los satélites de Seyano, no tenía otro remedio para librarse de la esclavitud, sin alentar su propósito, derrotada, le regresaste las armas y te brotaron lágrimas: es cierto que las escondiste en público, sin embargo, no las ocultaste bajo una frente alegre; y esto en un siglo en el que no hacer algo impío era una muestra muy grande de compasión. Pero apenas cambiaron los tiempos, aprovechando la oportunidad, pusiste el genio de tu padre en circulación, aquel genio que estaba condenado a las llamas; le libraste de una muerte verdadera, restituyendo a los monumentos públicos los libros que escribió aquel hombre tan valiente con su propia sangre. Has merecido mucho de las letras romanas, cuyo mejor ornamento la hoguera había devorado: te debe mucho el porvenir, al que van a llegar libres de toda mentira esos fieles escritos que hicieron pagar tan caro a quien los escribió. También te debe mucho él mismo, cuya memoria vive y vivirá todo el tiempo que se tenga en algo el conocimiento de las cosas de Roma; mientras alguien celoso aliente por imitar los hechos de nuestros ancestros; mientras haya en el mundo una sola persona con deseos de conocer lo que es un romano, lo que es un ser humano indómito, un alma, un temperamento, un brazo libre, cuando todos los cuellos se doblan y derrumban ante el yugo de Seyano. A fe mía, la república hubiese experimentado una pérdida enorme si tú no hubieses desenterrado aquella gloria que estaba condenada al olvido por sus dos mejores títulos: la libertad y la oratoria. Que se lea y se admire a tu padre, nuestros corazones y manos lo reciben; no tiene ya nada que temer del tiempo, y se habrá olvidado muy rápido todo lo referente a sus verdugos, hasta sus crímenes, que fue lo único que los hizo famosos. Así, esta grandeza de tu alma no ha dejado que me fije en tu género ni tampoco que pueda contemplar tu rostro, que aún conserva la primera huella de una tristeza que ya dura demasiados años. Y date cuenta de cuán poco trato de sorprenderte o de ilusionar tus afectos.

Ante tus recuerdos evoco tus desdichas de otros tiempos. Deseas saber si tu nueva herida se puede curar, y te he mostrado la cicatriz de una herida todavía más profunda. Que otros actúen con mayor suavidad, que acaricien tu sufrimiento: yo, por mi parte, he tomado la decisión de luchar con él y enjugar esas lágrimas que, si tengo que decirte la verdad, la costumbre, más que el desconsuelo, hace derramar de tus ojos enfermos y extenuados, ayudando tú misma, si cabe la posibilidad, a tu sanación; y si no, muy a tu pesar, a pesar de que retengas al sufrimiento en un abrazo estrecho, que has hecho sobrevivir a tu hijo para sustituirle. ¿Cuál será su final? Todo se ha ensayado infructuosamente; y los regaños de tus amigos, a quienes les has causado fatiga, y la autoridad de personajes muy importantes, familiares tuyos, y las hermosas letras, legado precioso de tu padre, han sido consuelos inútiles, apenas capaces de ocupar tu ánimo durante un instante: pasan sin impresionarte, porque tu oído está sordo: el propio tiempo, esa medicina natural que calma los sufrimientos más grandes, ha perdido su influencia en ti. Ya han transcurrido tres años, y no ha logrado tranquilizar ni el primer arrebato de tu sufrimiento. Se renueva y fortalece a diario, habiendo formado derecho con lo que dura, llegando al punto de sentir vergüenza de detenerse. De esta manera, como todos los vicios, si no se les arranca apenas germinan, echan raíces profundas; de esa manera también, en un ánimo desdichado y triste, el sufrimiento, cebándose en él, termina por encontrar alimento en sus propias amarguras, y el desdichado encuentra en la desolación un disfrute reprochable. Por este motivo hubiese deseado comenzar tu curación en los primeros días; siendo suficiente entonces un remedio más ligero con el fin de dominar la violencia del mal desde su raíz, mientras que en este momento requiriese una energía mayor para poder corregir el mal antiguo. Una herida de la que acaba de correr la sangre se cura con facilidad: se quema o se sondea de una manera profunda entonces; el dedo que la registra lo soporta; sin embargo, después de estar corrompida y transformada en úlcera maligna con el tiempo, es mucho más difícil su curación. Ya es imposible tratar con timidez y suavidad un sufrimiento tan antiguo: se necesita actuar enérgicamente.

¿Por qué olvidas, en último caso, tanto tu condición como la colectiva? Naciste como una mortal, has concebido personas mortales: ser efímero y corruptible, sujeto a tantas enfermedades y accidentes, ¿acaso esperabas que tu materia frágil pudiera engendrar la inmortalidad y la fuerza? Tu hijo murió, o sea, llegó al final hacia el que caminan todas las cosas, en tu opinión, más felices que el fruto de tu vientre. Hacia allí se encamina con el mismo paso toda esa muchedumbre que ves orar en el templo, litigar en el foro y sentarse en los teatros. Y no serán más que una misma ceniza los que amas y los que desprecias. Aquella voz que se atribuye al oráculo pythiano dice lo siguiente: Conócete. Pero ¿qué es el hombre? Una cosa frágil, un vaso quebrantado. Para destruirlo no se necesita una tempestad terrible, solo es suficiente una ola; quedará deshecho al primer choque. Entonces, ¿qué es el hombre? Un cuerpo desnudo, frágil, débil, sin ninguna defensa natural, que implora el socorro de otros, blanco de todos los agravios de la naturaleza; que es pasto de la primera fiera, es víctima de cualquier enemigo, a pesar de todos los esfuerzos que hagan sus brazos; formado de materia fluida y blanda, que únicamente tiene brillantez en su aspecto externo; indefenso contra el cansancio, el calor, el frío, y en quien la corrupción es engendrada por la inercia; sintiendo miedo por sus alimentos, cuyo exceso y carencia le pueden matar; de angustiosa y ansiosa conservación, de aliento precario, que no logra resistir, que se ahoga por un ruido inesperado que hiere sus oídos o por repentino pavor; en fin, que con el fin de alimentarse, se devora, se destruye a sí mismo. ¿La muerte de un hombre nos podrá extrañar cuando todos han de morir obligatoriamente? ¿Se necesita mucho para destruirlo? Todo lo que necesita para vivir le es mortal: un sabor, un olor, la comida, el cansancio, la vigilia, los sudores. Un movimiento cualquiera le revela de inmediato su debilidad: no puede aguantar todos los climas; un soplo poco acostumbrado del aire, un cambio de aguas, la cosa más pequeña es suficiente para que se ponga enfermo; ser de corrupción y de barro, entra en la vida llorando y, no obstante, ¿cuánto disturbio promueve este animal despreciable? El olvido de su condición, ¿a cuántos ambiciosos pensamientos no le impulsa? Su mente está ocupada por lo mortal e infinito, ordena el futuro de sus nietos y bisnietos, y la muerte le hiere en medio de sus planes para la eternidad, siendo lo que se llama vejez una carrera de muy pocos años.

Oh, Marcia, tu sufrimiento, en el caso que razone, ¿tiene por objetivo tu desdicha o la de tu hijo, que ya no vive? ¿En esa pérdida lo que te desconsuela es que no has disfrutado de tu hijo, o bien que podías disfrutar más si su vida se hubiese prolongado? Si dices que no has recibido ningún disfrute de él, haces que tu desgracia sea más soportable, debido a que la pérdida de lo que no ha producido felicidad ni placer se lamenta menos. Si confiesas que has sentido grandes alegrías, no te debes lamentar de las que te han quitado, sino dar las gracias porque las que has recibido. Su misma educación te ha pagado bastante tus trabajos: si los que alimentan con tanto cuidado pájaros, perros, gatos o cualquier otro animal con los que disfrutan sus espíritus frívolos, sienten cierto placer al tocarlos, al verlos, al recibir sus calladas caricias, no hay ninguna duda de que para los que crían hijos, la educación recibe en la educación misma su recompensa. De esta manera, pues, a pesar de que sus conocimientos no te hubiesen producido felicidad y no te conservase nada su cuidado, aunque su inteligencia no te hubiera hecho adquirir nada, es suficiente recompensa haberlo tenido y haberlo amado. «¡Sin embargo, podía ser más duradera y mayor!». Resultarás siempre más beneficiada que si no hubieses logrado ninguna: porque si se nos concediera escoger entre ser felices por poco tiempo y no serlo nunca, preferiríamos, indudablemente, una dicha momentánea a no tener ninguna. ¿Acaso hubieses preferido un vástago poco digno, que únicamente hubiera ocupado el lugar de hijo, que solo hubiera llevado su nombre, en lugar de uno muy bueno como lo fue el tuyo? ¡Tan distinguido por su amor filial y tan joven, marido de inmediato, de inmediato padre, desde luego, ocupado de una manera tan cuidadosa en el cumplimiento de sus deberes, tan rápidamente revestido con el sacerdocio; todos los honores logrados en un tiempo tan breve!

Por lo general, ninguna persona obtiene al mismo tiempo bienes duraderos y grandes; la felicidad que se mantiene hasta el final es la que llega poco a poco. Así, los dioses inmortales que te entregaron tu hijo para un tiempo corto te lo dieron, naturalmente, tal como lo pudieran haber formado durante muchos años. No puedes decir tampoco que los dioses te hayan escogido para privarte de las satisfacciones de la maternidad. Solo recorre con la mirada el gran número de los conocidos y desconocidos: vas a encontrar en todas partes tormentos más terribles. Han caído sobre los príncipes, sobre los grandes capitanes; ni siquiera la fábula dejó a sus dioses inmunes, y pienso que fue con el fin de consolarnos en nuestras angustias al ver que también sucumbían los hijos de los seres divinos. Repito, mira bien a todos lados: no vas a citar ni una casa tan desdichada que no halle consuelo en otra casa aún más desdichada. Y te puedo asegurar que no pienso mal de tus sentimientos, al creer que debes aguantar más pacientemente tu desgracia si te presento un número considerable de personas desconsoladas: es un mal consuelo el que se busca en la multitud de infortunados. No obstante, voy a citar, no con la finalidad de demostrarte que las tristezas son frecuentes en los seres humanos, ya que sería absurdo y ridículo tratar de buscar pruebas de la mortalidad; sino con el fin de convencerte de que hubo muchas personas que suavizaron sus sufrimientos, soportándolos con serenidad. Voy a empezar por el más dichoso. A L. Sila se le murió su hijo, y esta muerte no destruyó ni su pasión bélica ni la energía cruel que demostró contra los ciudadanos y los enemigos, ni tampoco le hizo imaginar que había asumido el dictado de dichoso en vida de su hijo y no luego de su fallecimiento. No sentía temor ni por el odio de los hombres, cuyos males provenían de su exagerada suerte, ni por la furia de los dioses, para los que haber hecho feliz a Sila era un crimen. Sin embargo, vamos a dejar entre las cosas no juzgadas todavía qué clase de hombre fue Sila: sus mismos adversarios confesaron que empuñó las armas de manera oportuna y las dejó oportunamente; por lo menos queda así demostrado lo que queríamos probar, esto es, que el mal que cae hasta sobre los que tienen más fortuna no es considerable.

Los griegos no deben admirar tanto a ese padre que, en mitad de un sacrificio, al conocer la muerte de su hijo, se limitó únicamente a mandar a callar al que tocaba la flauta, y finalizó la ceremonia de manera ordenada, quitándose la corona de la cabeza. De esta manera lo hizo el pontífice Pulvilo cuando le informaron de la muerte de su hijo, al pisar el umbral del Capitolio que iba a consagrar. Aparentando no haber escuchado, pronunció las frases solemnes de la fórmula pontificia sin que la plegaria fuese interrumpida por un solo sollozo: invocaba a Júpiter propicio y escuchaba el nombre de su hijo. Entenderás que su duelo había de tener final, ya que el primer impulso, el primer arrebato del sufrimiento, no logró separar a aquel padre de aquella invocación al dios tutelar ni de los altares públicos. Te puedo asegurar que era digno de aquella dedicación memorable, digno de ese sacerdocio supremo, quien ni cuando los dioses se mostraban molestos contra él los dejó de adorar. Sus ojos derramaron lágrimas y su pecho lanzó algunos sollozos cuando regresó a su casa; sin embargo, recuperó el semblante que tenía en el Capitolio luego de tributar los honores que se acostumbraban a los difuntos. Por los mismos días de esa insigne victoria en que llevaba encadenado detrás de su carro a aquel rey tan célebre, de nombre Persio, Paulo entregó dos hijos en adopción, y vio morir a los que se habían quedado con él. ¡Solo considera cuánto valor tendrían los que había mantenido a su lado, cuando Escipión era uno de los dados en adopción! El pueblo romano vio vacío el carro de Paulo, no sin conmoverse; no obstante, este agradeció a los dioses por haber escuchado sus votos y arengó a la muchedumbre. Puesto que había suplicado al cielo que, si la celosa suerte pedía algo por un triunfo tan brillante, antes que se le pagase a expensas del pueblo, lo hicieran a las de él. ¿Y aquel cambio a quién podía conmover más? Perdió, al mismo tiempo, sus apoyos y sus consoladores, y, no obstante, Persio no logró ver a Paulo desconsolado.

¿Ahora te pasearé entre un sinnúmero de ejemplos de hombres ilustres y grandes con el fin de buscar desdichados, como si no fuera más difícil buscar felices? Pero ¿cuántas casas han permanecido intactas, en todas sus partes, hasta el final y sin ningún desperfecto? Solo considera un año cualquiera, cita a los cónsules: escoge si deseas a César y a Marco Bíbulo; vas a ver una misma suerte entre dos colegas hondamente enemistados. Bíbulo, hombre más honesto que valeroso, vio muertos a sus dos hijos al mismo tiempo, luego de haber servido de pasto a la brutalidad de los soldados de Egipto, con el fin de que no tuviese que llorar menos por esa pérdida que por los asesinos. Y, no obstante, aquel Marco Bíbulo que, con el objetivo de hacer odioso a su colega, permaneció encerrado en su casa durante todo el año de su consulado y salió a la mañana siguiente del anuncio de aquel doble infortunio para desempeñar sus funciones públicas como lo hacía habitualmente. ¿Les podía dar a sus dos hijos menos de un día? ¡Aquel que no había dejado de llorar su consulado en un año, cesó tan rápido de llorar a sus hijos! En la época en que Cayo César estaba recorriendo la Bretaña y ni el mismo océano lograba ponerle límites a su suerte, se enteró del fallecimiento de su hija, que se llevaba los destinos de Roma consigo. Ya Cneo Pompeyo se presentaba a su vista, soportando de una manera muy difícil un rival tan glorioso en la república y queriendo poner fin a victorias que le pesaban hasta cuando era partícipe de sus resultados: no obstante, transcurridos tres días, se encargó otra vez de los cuidados del mando, y triunfó de su sufrimiento tan rápido como salía victorioso de todas las cosas.

¿Te voy a citar otros infortunios en la familia de los Césares, a la que pienso afrenta la fortuna de tiempo en tiempo para que, hasta en sus desdichas, sea útil a los seres humanos, demostrándole que ellos mismos, ilustres hijos de los dioses, y padres de dioses nuevos muy pronto, tienen la suerte del mundo en sus manos como no tienen la suya propia? El divino Augusto, habiendo perdido a sus hijos y nietos, viendo extinguida la muchedumbre que apoyaba a los Césares, llenó su casa solitaria y vacía a través de la adopción. No obstante, soportó resignadamente esos reveses, como si ya se tratase de una causa propia, estando interesado profundamente en que nadie se lamentara de los dioses. Así, Tiberio César perdió a su hijo de adopción y a su propio hijo; no obstante, él mismo hizo el elogio del primero en sus rostros, y de pie, delante del cuerpo sin vida, del que únicamente le separaba el velo que debe esconder la imagen de la muerte a los ojos del pontífice, cuando lloraba el pueblo de Roma, él no volvió la cara: de esa manera demostró a Seyano, que se encontraba junto a él, con cuánta resignación podía perder a sus propios hijos.

Ya te puedes dar cuenta del gran número de grandes hombres que no respetaron la fortuna ante la que cede todo, pese a todas las cualidades de su alma, pese a tanto brillo y grandezas, tanto privadas como públicas. De esa manera también corre en la tierra el huracán, devasta y destruye de forma ciega, como hallándose en sus dominios. A cada uno llama para que rinda cuentas: ninguno ha nacido de un modo impune.

Yo sé perfectamente lo que me vas a decir: «Únicamente citas ejemplos de hombres, parece que olvidaste que le estás dando consuelo a una mujer». Sin embargo, ¿quién tendrá la osadía de decir que la naturaleza ha tratado el corazón de las mujeres con poca generosidad y limitado para ellas las virtudes? Créeme, son tan fuertes como lo somos nosotros; si les agradas, tan capaces de acciones honorables: soportan, con la costumbre, lo mismo que nosotros el sufrimiento y el trabajo. Oh, dioses, ¿en qué ciudad estoy hablando? En la que Bruto y

Lucrecia derrumbaron los reyes que pesaban encima de las cabezas de los romanos: Lucrecia, a la que debemos Bruto; Bruto, a quien le debemos la libertad. En este mismo lugar donde Clelia, despreciando el río y el enemigo, mereció que se la pusiera por encima de los hombres, gracias a su insigne audacia. Clelia, sentada sobre su caballo de bronce, en la vía sagrada, paraje famosísimo, reprueba a nuestros muchachos montados en su litera, que entren de esa forma en una ciudad en la que le hemos dado caballos hasta a las mujeres. De manera que, si deseas que te cite ejemplos de mujeres valientes en sus infortunios, no voy a ir a preguntar de puerta en puerta.

Te mostraré, en una sola familia, a las dos Cornelias: la primera, hija de Escipión, madre de los Gracos. Esta tuvo doce hijos y vio pasar la misma cantidad de funerales. Y si se dice que no le debió costar mucho mostrar fuerzas con respecto a aquellos que no conmovieron a la ciudad ni por su nacimiento ni por su muerte, notaremos que vio a Cayo y Tiberio Graco, a quienes que, si se niega que fueron buenos hombres, no se podrá negar que fueron grandes, muertos y sin una sepultura; y, no obstante, respondió a los que le daban consuelo y la compadecían por su desdicha: «Jamás voy a dejar de sentirme feliz por haber traído a los Gracos al mundo». La esposa de Livio Druso, Cornelia, había perdido a su hijo, joven de noble ingenio y muy ilustre, que seguía los pasos de los Gracos y que fue asesinado en sus mismos penates, antes de aprobarse tantas leyes propuestas, sin que jamás se haya sabido quién fue el autor del asesinato: a pesar de eso, aquella madre opuso al fallecimiento inesperado y cruel del hijo tanta energía como la que tuvo él para hacer la propuesta de las leyes.

Oh, Marcia, ya te encuentras reconciliada con la fortuna, porque hirió a los Escipiones y a las madres de los Escipiones, porque lanzó los dardos contra los Césares que ha lanzado contra ti también. La vida está llena e infestada de muchos males con los que puede haber apenas tregua y no puede haber una paz larga. Oh, Marcia, eras madre de cuatro hijos y se dice que ninguna flecha, cuando se lanza contra filas apretadas, deja de herir. ¿Acaso es asombroso que una familia con tantos integrantes no haya podido continuar en la vida sin provocar los envidiosos reveses de la fortuna? «Sin embargo, la suerte es tanto más injusta, cuanto que no únicamente ha arrebatado, sino escogido a mis hijos». No, nunca vas a poder considerar injusto que el más fuerte tenga la misma fortuna que el más débil: te ha dejado dos hijas, y dos nietos de estas hijas; y ese mismo hijo que lloras de una manera tan amarga, olvidada del primero: no te los ha arrebatado completamente. De él te quedan dos hijas, una carga muy pesada si te debilitas, y si no, un consuelo muy poderoso. La suerte te las ha dado con el fin de que, cuando las contemples, no recuerdes tu sufrimiento, sino a tu hijo. De esta manera, cuando el campesino ve que caen sus árboles al suelo, arrancados por el viento o cortados ante el inesperado choque del torbellino, cuida con mucha atención los retoños que quedan: sustituye los árboles que ha perdido con semillas o plantas, y en casi un instante (ya que el tiempo no es menos veloz y rápido para reparar que para devastar) los retoños crecen más fuertes que los que estaban antes. Sustituye con esas hijas a tu Mitilio, y de esa manera llena el vacío de tu hogar. Solo con este doble consuelo alivia un sufrimiento. Es natural a los seres humanos no hallar nada que les guste tanto como lo que perdieron, y que el sentimiento de lo que perdimos haga que seamos injustos con aquello que nos queda; sin embargo, si quieres apreciar cuánto te favorece la suerte hasta al causarte maltratos, entenderás que todavía tienes más que consuelos. Observa a tu alrededor dos hijas y tantos nietos.

Marcia, di esto también: «Si la suerte de cada uno estuviese en relación con sus costumbres, dejaría que me conmoviera si el mal jamás persiguiera a las personas buenas; sin embargo, me doy cuenta de que malos y buenos son, sin distinción, víctimas de las adversidades. No obstante, es demasiado triste y doloroso perder a un muchacho que ha recibido educación y que ya era honor y apoyo para su padre y para su madre». No es posible negar que es una cruel desgracia, pero humana al fin. Naciste para temer, para perder y desear la muerte, y lo que es más grave, para esperar, para morir, para no saber nunca cuál es tu condición y para inquietar a los demás.

Si al marchar para Siracusa se le dijese a uno: «En primer lugar voy a darte a conocer todas las incomodidades y satisfacciones de tu próximo viaje; después te puedes embarcar. Primeramente, vas a poder admirar la propia isla, separada de Italia por un canal angosto, cuando consta que estuvo unida al continente anteriormente; sin embargo, hubo una irrupción inesperada del mar *Hesperium Siculo latus abscidit* (Hesperium cortó el costado del océano): de inmediato (ya que podrás pasar el insaciable torbellino rozando) podrás ver a la fabulosa Caribdis, serena mientras el austro no la agita, sin embargo, al primer viento fuerte que sopla en esas regiones, la verás devorando las naves en sus profundos y abiertos abismos. También mirarás la fuente Aretusa, elogiada por los poetas, tan trasparente y limpia, derramando aguas muy frescas, ya sea que tengan su nacimiento allí, ya sea que devuelva un río que aparece otra vez libre de toda mezcla con ondas llenas de impurezas, escondiéndose debajo de los mares. Vas a ver un puerto, el más calmado de todos cuantos la naturaleza ha formado o la mano del hombre construyó con el fin de proteger las armadas, y tan bien resguardado que el furor de las más violentas tormentas no lo alcanza. Podrás ver el lugar donde el poder de Atenas se estrelló; donde, bajo rocas socavadas hasta infinitas profundidades, tuvieron las canteras por cárcel muchos millares de cautivos. También verás la enorme ciudad, cuyas torres se extienden más lejos que las fronteras de otras muchas ciudades; en la que no transcurre día sin sol, que son tan templados los inviernos. Sin embargo, cuando hayas podido contemplar todas estas cosas, el estío perjudicial y pesado va a emponzoñar los beneficios del cielo del tiempo invernal.

Vas a encontrar allí a Dionisio el tirano, verdugo de las leyes, de la justicia, de la libertad; sediento de poder, hasta luego de las lecciones de Platón; de la existencia, hasta después del exilio: va a entregar unos a las varas, otros al fuego: por la más pequeña ofensa hará decapitar a aquellos; llamará a las mujeres y a los hombres a su lecho, y le parecerá poco desempeñar dos papeles al mismo tiempo, en medio del asqueroso rebaño preparado para los regios desenfrenos. Ya sabes lo que te puede atraer y lo que puede contenerte; quédate o márchate». Luego de estas advertencias, si alguno dijera que desea ir a Siracusa, ¿de quién sino de sí mismo se podría quejar cuando habría llegado a aquella ciudad de manera voluntaria y consciente, y no caído inesperadamente en ella?

A todos nos dice la naturaleza: «Yo no engaño a nadie: si tú traes hijos al mundo, podrás tenerlos bellos, pero también feos: y si acaso tienes muchos, uno podrá vender la patria, otro salvarla. No dudes de que puedan llegar algún día a disfrutar de tanto favor que ninguna persona se atreva a ofenderte, por causa de ellos; pero piensa también que pueden mancharse de tal modo que hasta su nombre sea una ofensa. Es posible que pronuncien tu elogio y que te presten los últimos honores; y, no obstante, debes estar preparada a depositarlos en la pira, niños, adultos o viejos, porque nada importan los años, no habiendo funerales que no sean antes de tiempo cuando los acompaña la madre». Luego de estas condiciones, convenidas anticipadamente, si procreas hijos, liberas a los dioses, que no te han prometido nada, de cualquier responsabilidad.

Vamos a referir a esta imagen la llegada del ser humano a la vida. Reflexionabas sobre marchar a Siracusa: te he podido demostrar lo que te podría disgustar y agradar en el viaje. Imagina que se me convoca en el día de tu nacimiento con la finalidad de darte un consejo. Entrarás en la ciudad común a los hombres y a los dioses, que todo lo abraza sujeto por leyes perpetuas y fijas, donde los astros realizan su ministerio infatigable en sus revoluciones. Podrás ver allí un sinnúmero de estrellas, y ese sorprendente y grandioso astro que lo llena todo por sí mismo, ese sol cuyo curso diario marca los intervalos de la noche y del día y cuya carrera cada año divide de igual forma los inviernos y los veranos. Vas a ver la sucesión nocturna de la luna, tomando una luz templada y dulce de los rayos fraternales, unas veces esconde, unas veces muestra al mundo toda su faz, creciendo y decreciendo de forma sucesiva, y siempre diferente de como era el día antes. Vas a ver cinco planetas siguiendo rumbos distintos, y en su marcha opuesta resistiendo a la fuerza que arrastra a la tierra. La suerte de los pueblos depende de sus movimientos menores: allí se deciden las cosas más pequeñas y las más grandes, según se presenta el astro desfavorable o favorable. También admirarás las nubes acumuladas, el estruendo del cielo, los rayos oblicuos y las aguas que caen.

Cuando tus ojos, colmados con semejante espectáculo, se vuelvan a la tierra, verán otras maravillas y otro orden de cosas. Unas llanuras inmensas se extienden aquí hasta lo infinito; allá las cumbres nevadas de montañas soberbias se van a alzar hasta las nubes, verás ríos que se derraman por las praderas, otros van a regar el oriente y occidente, partiendo de la misma fuente: encima de las cimas altas, los bosques mecen sus copas, y las selvas se extienden con el concierto variado de sus aves y sus rieras. Allá se alzan ciudades situadas de manera diferente; naciones separadas por fronteras no accesibles, apartadas sobre las altas montañas, otras aprisionadas por pantanos, ríos, valles y lagos; allí hay muchos campos cultivados, bellos golfos, arbustos fértiles sin cultura, arroyos que corren con suavidad por las praderas, riberas que se profundizan con el fin de formar puertos; un sinnúmero de islas sembradas por los mares que interrumpen sus extensas soledades. Allí se encuentran las perlas resplandecientes, las piedras y los torrentes que arrastran, en su impetuosa carrera, partículas de oro que se mezclan con su arena, y esas columnas de fuego que brotan de lo profundo de la tierra hasta la mitad de las olas; y el océano, ese lazo de la tierra que está repartido en tres mares con el fin de dividir los países, y salta encima de su lecho sin medida ni freno. Allí puedes ver las olas siempre intranquilas, moviéndose en la serenidad de los vientos. Podrás ver animales inmensos, que aventajan en tamaño a los que viven en tierra; unos ágiles y más veloces que una embarcación empujada por remos muy fuertes; otros cuya masa pesada necesita una guía que la dirija; algunos aspirando y lanzando las aguas amargas con mucho peligro para los marinos. Verás, más allá, barcos que andan buscando tierras que les son desconocidas, y no vas a encontrar nada que la audacia del hombre no haya intentado, testigo, al mismo tiempo que laborioso, vinculado a estos grandes esfuerzos. Vas a aprender y enseñar las artes, las que dirigen la vida, las que entretienen y las que embellecen todas las cosas.

Sin embargo, también vas a encontrar mil azotes del alma y del cuerpo, enfermedades, pérdida prematura de nuestros seres queridos, estafas, envenenamientos, huracanes, naufragios, guerras y la muerte, quizás dulce, quizás llena de tormentos y sufrimientos. Reflexiona contigo mismo, y pesa bien lo que quieres; después de haber entrado en esta ciudad llena de cosas maravillosas, hay que salir por aquí. ¿Vas a contestar que deseas vivir? ¿Y por qué no? Sin embargo, pienso que no consientes en la vida, ya que te quejas de que te arrebaten algo. Entonces, vive de acuerdo con lo convenido. Sin embargo, dices que nadie nos ha consultado. Es que a los que consultaron por nosotros fueron nuestros padres: nos engendraron para soportar las leyes de la vida porque las conocían.

Pero, para llegar a los consuelos, vamos a ver en primer lugar qué males hay que sanar, y luego de qué forma. La pérdida de un hijo amado te hace derramar lágrimas amargas. Sin embargo, esta pérdida por sí misma es tolerable. Mientras viven, no lloramos a los ausentes, pese a encontrarnos privados de manera absoluta de su presencia y trato. Entonces, la idea es lo que nos angustia y entristece, y nuestros males no traspasan la medida que les otorgamos. En nuestra mano se encuentra el remedio. No nos engañemos a nosotros mismos y consideremos a los muertos como ausentes: hemos permitido que se marchen, o mejor todavía, les hemos hecho marchar antes para ir detrás de ellos. Aún lloras cuando afirmas: «¡Yo no tengo nadie que me libere de la injuria, que me defienda!». Entonces, consuélate; ya que, si es vergonzoso, no es menos cierto que en nuestra ciudad se gana más respeto viendo a los hijos morir que el que se pierde. En otra época era una calamidad para el viejo quedarse solo, pero en este momento conduce al poder, hasta el punto que se niega a los hijos, se les muestra odio y las casas se vacían a través del crimen.

Estoy seguro de que vas a decir: «Mi sufrimiento no me entristece, puesto que quien lamenta la pérdida de un hijo igual que la de un esclavo, cuando se tiene la valentía de considerar en un hijo otra cosa que el hijo mismo, no merece que lo consuelen». Entonces, Marcia, ¿por qué lloras? ¿Porque ha fallecido tu hijo o porque no ha vivido muchos años? Si lloras porque ha fallecido, has debido llorar siempre, puesto que siempre has sabido que algún día lo iba a llamar la muerte. Convéncete de que los muertos no sienten ningún dolor ni tristeza. Ese infierno que nos pintan de una manera tan espantosa es únicamente una leyenda: los muertos no tienen que temer ni el río del olvido, ni tinieblas, ni cárceles, ni torrentes de fuego: no hay nuevos tiranos, ni tribunales, ni criminales, ni prisioneros en aquel asilo de plena libertad. De manera que todas estas cosas son juegos de poetas que nos han agitado con pánicos pueriles y frívolos. La muerte es el final de todos nuestros sufrimientos, la libertad total; nuestras desgracias no van a traspasar sus umbrales; ella es la que nos devuelve a esa calma de que la que disfrutábamos antes de nuestro nacimiento. Si alguna persona llora a los muertos, que también llore a los que no han nacido aún. La muerte no es un mal ni un bien, ya que para ser mal o bien se necesita ser algo; pero lo que no es nada, lo que reduce el todo a la nada, no nos impone ninguna de estas dos condiciones, nunca lo hace. Lo bueno y lo malo versan sobre alguna cosa. La suerte no puede retener lo que abandona la naturaleza, y es imposible que el que ya no existe sea desdichado. Ya tu hijo traspasó los límites dentro de los cuales el ser humano es esclavo. Así, bajo el abrigo de una paz eterna y profunda, ya no le atormentan el cuidado de las riquezas, el miedo de la pobreza, las pasiones que estimulan nuestro ánimo con el aguijón de la sensualidad: ya no envidia la felicidad de otros ni es envidiado por la suya; nunca sus inocentes oídos serán ofendidos por la calumnia; no deberá atender al porvenir lleno de tristes desasosiegos e incertidumbres, ni tendrá que prevenir desgracias privadas ni públicas. Se encuentra, en fin, en un refugio donde no lo pueden privar de nada ni tampoco hay nada que le pueda inspirar miedo.

¡Aquellos que no celebran la muerte como el mejor invento de la naturaleza ignoran todos sus males! Ya ponga fin a nuestro sufrimiento, aleje la desgracia, extinga a un anciano agotado y molesto con la vida; ya nos arrebate en los años de juventud, cuando se esperaba un mejor futuro; ya llame a sí la niñez, antes de que el camino se haga difícil, la muerte es el final para todos, una solución para muchos, un deseo para algunos, y no favorece a nadie tanto como a aquellos que, antes que la invoquen, visita. Así, la muerte le da la libertad al esclavo a pesar de su dueño; rompe la cadena del prisionero; les abre las puertas de la cárcel a los infortunados a los que un despotismo insolente no les permitía abandonarla: al expatriado, que continuamente vuelve sus ojos y pensamiento a la patria, demuestra cuán poco importa entre quiénes va a ser enterrado: si la suerte ha repartido muy mal los bienes que son comunes a todos; si naciendo todos con los mismo derechos ha querido que uno sea amo del otro, la muerte restituye la igualdad en todos: esta es la que jamás ha hecho nada por capricho de alguien; jamás sintió vergüenza de su condición, jamás fue obediente a nadie; oh, Marcia, tu padre la llamó con sus deseos. Vuelvo a decirlo: a ella se debe que el nacimiento no sea un tormento; hace que conserve íntegro mi ánimo y que sea dueño de mí mismo, y no sucumba bajo las amenazas del destino. Yo sé en qué lugar descansar. Veo cruces de muchas clases allá, que varían de acuerdo con el capricho de los opresores. Este les extiende los brazos en el patíbulo; aquel, los empala por los órganos genitales; este otro pone cabeza abajo a los que quiere colgar. Miro las varas, los potros, y un instrumento de tortura para cada extremidad, cada músculo; sin embargo, también puedo ver la muerte. Allí se encuentran los ciudadanos soberbios, enemigos sanguinarios; pero allí también se encuentra la muerte. La esclavitud no es ingrata y difícil cuando, cansados del amo, se recupera la libertad con un solo paso: tengo el beneficio de la muerte contra las ofensas de la existencia.

Solo piensa cuán bueno es fallecer a tiempo; a cuántos vivir mucho les ha causado perjuicios. Si Cneo Pompeyo, sostén y honor de este imperio, hubiese sucumbido a la enfermedad en Nápoles, moría, sin ninguna duda, el primero de los hombres de Roma: pocos días más tarde le arrojaron desde la cumbre de su grandeza y dignidad. En su presencia, vio que degollaban a sus legiones, y de esa batalla en que formaba la primera línea el propio Senada, ¡restos muy tristes!, el único que sobrevivió fue el jefe. También vio al verdugo egipcio, y presentó a un satélite esa cabeza sagrada hasta para los triunfadores. Sin embargo, si se hubiese salvado, habría tenido que lamentar su propia salvación. Puesto que ¿habría una vergüenza más grande que Pompeyo vivo gracias a un rey?

Si Marco Tulio Cicerón hubiese fallecido en el instante en que huía del puñal con que Catilina le amenazaba a la vez que, a la patria, perecía el salvador de la República a la que acababa de darle la libertad: si tan solo hubiese seguido los funerales de su hija de cerca, entonces aún hubiese podido morir feliz. Nunca hubiera visto espadas desnudas brillando encima de las cabezas de los ciudadanos, repartir los bienes de las víctimas entre los asesinos, para que ellas mismas pagaran los gastos de su fallecimiento; no hubiese tenido que ver vendidos en subasta los despojos de los cónsules, los asesinatos ni los tratos públicos sobre estafas, el pillaje, la guerra y tantos Catilinas. ¿No hubiese sido un bien enorme Marco Porcio Catón, si al volver de Chipre, a donde se había dirigido para hacer todos los arreglos de la herencia de un rey, se hubiese ahogado en el mar, hasta con el dinero que traía con el objetivo de pagar la guerra civil? Habría muerto, al menos, con la idea de que nadie tenía el atrevimiento de cometer ningún crimen delante de Catón. Así, algunos años más tarde, ese hombre que nació para la libertad pública, que nació para ser libre, se verá obligado a seguir a Pompeyo y a escapar de César.

Visto de esta manera, la muerte prematura no ha perjudicado, entonces, a tu hijo; antes, por el contrario, le ha salvado de todos los males, lo ha liberado de ellos. «Sin embargo, ha fallecido antes de tiempo y demasiado pronto». Ante todo, imagina que sobrevivió; supón la existencia más prolongada que se concede al ser humano. ¡Es tan poco! Nacidos para instantes breves, preparamos esta posada, que debemos abandonar muy pronto, para otros que van a venir a ocuparla en las mismas condiciones. Estoy hablando de nuestra vida, que evoluciona con una velocidad asombrosa. Nada más cuenta los siglos de las ciudades; te darás cuenta de que ni siquiera aquellas que se ufanan de su antigüedad han permanecido de pie durante mucho tiempo. Es que todo lo humano tiene caducidad y es breve, no ocupando absolutamente nada en la cualidad infinita del tiempo. Con todas sus ciudades, pueblos, ríos, su cinturón de mares, esta tierra es, para nosotros, únicamente un punto si hacemos la comparación con la totalidad del universo: si se compara con el tiempo completo, nuestra vida es algo menos que un punto muy pequeño. Se pueden contar muchas revoluciones del mundo realizadas en el tiempo, dado que la medida del tiempo es más grande que la del mundo. Entonces, ¿a qué lleva demorar una cosa que no pasa de nada, por muy grande que sea su aplazamiento? Haber vivido bastante es el único medio de haber vivido mucho. Si quieres, cítame esos ancianos cuya longevidad es reseñada siempre por la tradición, hasta los que han llegado a los 110 años: no verás ninguna diferencia, cuando tu ánimo se fije en la eternidad, entre la vida más corta y la más larga, si tomando en cuenta el tiempo que cada persona ha vivido, lo comparas con el que no han podido vivir.

Tu hijo, además, no ha fallecido de forma prematura; él vivió todo lo que debía vivir. Más allá no le quedaba nada. Todos los seres humanos no tienen la misma vejez; ni tampoco los animales la tienen. Algunos agotan, en el espacio de catorce años, toda su vida: para estos, la edad más larga es la que para el hombre es la primera. Todos nosotros hemos recibido derechos innegables a la vida, y no se puede fallecer tempranamente, ya que no se debía vivir más de lo que se ha vivido. Cada persona tiene sus límites fijos, que se mantendrán donde se establecieron desde el principio, sin que haya favores ni atenciones que puedan hacer que retrocedan: tu hijo no hubiese querido perder su cálculo y cuidados en este inútil trabajo. Él hizo todo cuanto tenía que hacer, *Metasque dati pervenit ad Svi* (Y el objetivo dado llegó a Svi).

De esta manera, pues, debes rechazar la dolorosa idea: «Mi hijo hubiese podido vivir un tiempo más largo». Su vida no ha sido interrumpida; la casualidad jamás intervino en el trayecto de nuestros años; a cada uno se le pagó lo que se le prometió: todos los destinos caminan gracias a su propio impulso; nada quitan ni agregan a sus promesas, nuestros pesares y deseos poco importan. Cada uno de nosotros va a recibir lo que desde el primer día le fue asignado: desde el momento en que vio la luz por primera vez, entró en el sendero de la muerte, adelanto un paso hacia ella; y su vida era empobrecida con esos mismos años con que se enriquecía su juventud. Nos pierde la equivocación de pensar que solo nos inclinamos hacia la tumba cuando ya estamos ancianos y marchitos, cuando la verdad es que nos empuja hacia ella cualquier edad de la niñez y la juventud. Así, los destinos, que siguen su tarea, nos quitan el sentimiento de nuestra propia destrucción; y la muerte se oculta bajo el nombre de vida con el objetivo de esconder mejor su recorrido. La primera edad pasa a ser niñez, la niñez pasa a ser adolescencia, la juventud absorbe la adolescencia, y la vejez a la juventud. Cada progreso es una pérdida, si lo consideramos bien.

Sé muy bien que, habitualmente, las exhortaciones empiezan con mandatos y finalizan con ejemplos; sin embargo, es conveniente que cambie esta costumbre, debido a que no se puede actuar con todos de la misma forma. Porque unos ceden a la razón, a otros se necesita citarles nombres ilustres cuya autoridad se impone al alma y cuyo resplandor la encandila. Voy a poner ante tus ojos dos ejemplos importantes de tu siglo y de tu género: una de estas dos mujeres se entrega a toda la fuerza de su sufrimiento; la otra, desconsolada por una desgracia también muy grande, sin embargo, perdiendo más aún, no permite, a pesar de todo, que su aflicción gobierne en su alma durante mucho tiempo, alma a la que restituye rápidamente su serenidad acostumbrada. Livia y Octavia, esposa una y la otra hermana de Augusto, perdieron dos hijos cuando eran jóvenes, con los cuales el imperio estaba asegurado. De esta manera, a Octavia se le murió Marcelo, sobrino y yerno de un príncipe que debía dejarle el peso del mando y ya empezaba a descansar en él; joven de un carácter poderoso y un espíritu muy activo, muy sobrio y templado de una manera asombrosa para su rango y edad; enemigo de los placeres frívolos, infatigable en el trabajo, competente y hábil para llevar todo lo que su tío deseara depositar o, por decirlo de alguna manera, edificar sobre sus hombros. Este había escogido una base que bajo ningún peso podía ceder. Todo el tiempo que la madre sobrevivió al hijo, no puso fin a sus gemidos y llanto, ni aceptó consejos y palabras que distrajeran su sufrimiento, rechazando a todas aquellas personas que se los dirigían. Toda su vida permaneció como en los funerales, enfocada en el único pensamiento que ocupaba su ánimo: no hacía el intento de levantarse de su abatimiento, y voy a decir más, se negaba a que se le aliviara, creyendo que la renuncia de las lágrimas era una segunda pérdida. No quiso oír nunca hablar de su amado hijo ni tampoco conservar ninguna imagen de él. Odiando a todas las madres, detestaba de manera especial a Livia, porque le daba la impresión de que el hijo de esta era el heredero de la dicha que estaba prometida a su Marcelo. No mirando ni siquiera a su hermano, no queriendo más que el retiro y la soledad, no aceptó los versos que hicieron con el fin de celebrar la memoria de Marcelo, así como los otros homenajes de las artes, y cerró sus oídos a toda consolación. Sintió aversión por los esplendores que la fortuna fraternal irradiaba por todos lados; se alejó de todas las ceremonias solemnes y se enterró en su retiro. A pesar de tener a su alrededor a sus hijos y sus nietos, jamás se quitó sus vestidos sombríos y luctuosos, no sin ofensa de todos sus seres queridos, porque ella consideraba que estaba sola, estando ellos vivos.

Oh, Marcia, ¿preguntas por qué tu hijo no ha vivido tanto como podía? Pero ¿cómo puedes estar segura de que la muerte no le ha favorecido mucho o de que podía vivir más? ¿A quién vas a encontrar en la actualidad cuyos negocios se encuentren tan bien ordenados y sobre bases tan sólidas que no tenga que temer nada del paso del tiempo? Todas las cosas humanas se destruyen y caen, y ninguna parte de nuestra existencia se encuentra tan descubierta y es tan frágil como la que más nos gusta. Por este motivo se debe desear la muerte a los más dichosos, porque en la confusión e inconstancia de las cosas, lo único cierto es lo pasado. ¿Quién te puede asegurar que aquel bello cuerpo de tu hijo, que bajo la vigilancia de un pudor muy riguroso pudo mantenerse puro en medio de las miradas libidinosas de una ciudad lujuriosa, hubiese podido huir de las enfermedades y llevado el honor de su belleza sin ofensa hasta la ancianidad?

Te pido que pienses en las mil manchas del alma, ya que ni los temperamentos más rectos se mantienen hasta la vejez como prometían durante la pubertad, sino que se corrompen frecuentemente. O entregados a la taberna y al vientre en la juventud, su cuidado más importante es saber lo que van a beber y a comer; o bien les invade una lujuria tardía y por lo mismo más vergonzosa, moviéndoles a deshonrar sus principios más nobles. Agrega las ruinas, los naufragios, los incendios, las laceraciones de los médicos que buscan bajo las carnes palpitantes los huesos, introducen las manos en nuestras vísceras e incrementan el dolor para sanarnos vergonzosas enfermedades. Aparte de esto, el exilio; tu hijo no fue más inocente que Rutilio: la cárcel; no tuvo más sabiduría que Sócrates: el fallecimiento voluntario que destroza el pecho; tampoco fue más íntegro y honesto que Catón. Entenderás, considerando todo esto, que la naturaleza se ha mostrado muy generosa, poniendo rápidamente en un lugar seguro a los que la envidia reservaba tal estipendio. No existe nada tan engañoso como la vida del ser humano; no hay nada tan infame, y puedo asegurar que nadie la va a aceptar si no se nos diese sin que nosotros lo sepamos. Si entonces la dicha más inmensa es no venir al mundo, considera que ser liberado pronto de la vida, con el fin de entrar en la plenitud del ser, es la segunda. Solo recuerda los tiempos crueles en que Seyano entregó, como obsequio, tu padre a Satrio Segundo, su cliente. Se sentía furioso por algunas palabras un poco atrevidas que Cremucio no había podido guardarse, como estas: «No se pone a Seyano encima de nuestras cabezas, él mismo sube». Se había decretado construirle una estatua en el teatro Pompeyo, cuyo incendio César estaba reparando.

Cordo expresó: «El teatro se destruye realmente ahora». ¿Y qué persona no hubiese estallado al ver poner a un Seyano encima de las cenizas de Pompeyo, y glorificado el nombre de un soldado traidor sobre el monumento de ese capitán ilustre? No obstante, quedó glorificado por una inscripción; y esos perros devoradores que alimentaba con sangre de los hombres, con la finalidad de hacerlos feroces para los otros y mansos para él solo, luego de su mandato persiguieron con sus ladridos al inculpado. Pero ¿qué hacer? Si deseaba vivir, había de implorar a Seyano; si morir, a su hija. Tomó la decisión de engañar a su hija, siendo ambos inexorables. Entonces, tomando un baño con el fin de debilitarse todavía más, se retiró a su cámara como para ingerir algún alimento, y arrojó parte de los manjares por la ventana, con el objetivo de que creyeran que se los había comido, después de despedir a sus esclavos. De inmediato, como si estuviese satisfecho, renunció a cenar. Hizo lo mismo el segundo y el tercer día, sin embargo, al cuarto la debilidad de su cuerpo lo traicionó. Entonces, dijo abrazándote: «Querida hija, escucha lo único que te he escondido hasta este momento: entré en el camino de la muerte, y ya recorrí más de la mitad de ese sendero. Te pido que no me detengas, porque no puedes ni debes hacerlo». Y de inmediato se sepultó en las tinieblas, después de mandar a cerrar todas las entradas a la luz. Luego de conocida su decisión, causó un júbilo público ver que aquella presa se arrancaba a las fauces ávidas de unos lobos tan hambrientos. En el Tribunal de los Cónsules se presentan los acusadores incitados por Seyano: se quejan de que Cordo deja que le llegue la muerte, y lo culpabilizan de un acto al que le están forzando: ¡tenían tanto miedo de que Cordo se les escapara! Saber si el fallecimiento del acusado les despojaba de sus derechos era una cosa muy grave. Él mismo se había absuelto mientras los acusadores insistían, mientras deliberaban. Oh, Marcia, ¿no te das cuenta cómo asaltan las vicisitudes repentinamente en los tiempos de maldad y corrupción? ¿Estás llorando porque tu hijo tuvo que morir necesariamente, cuando a tu padre apenas le permitieron lo mismo?

Aparte de que es incierto todo lo futuro y únicamente es verdad en cuanto a que ofrece males mucho más grandes, el sendero hacia las regiones superiores es mucho más fácil para aquellos que rápidamente abandonan el comercio humano; debido a que arrastran menos peso consigo, menos lodo: son libres antes de irse, antes de mezclarse a las cosas terrestres con excesiva intimidad, suben al punto de origen mucho más ligeros y se desprenden del elemento impuro y tosco más fácilmente. Por este motivo, a las grandes almas jamás les es agradable la permanencia demasiado prolongada dentro del cuerpo; quieren abandonarlo y encontrar la luz: soportan con dificultad esta cárcel tan angosta, habituadas como están a contemplar las cosas humanas desde lo alto y a remontar en vuelos sublimes. Aquí podemos entender por qué Platón exclama: el alma del hombre sabio se inclina completamente a la muerte, piensa en ella, la anhela, y en su permanente pasión de salir del cuerpo la que la alienta es la muerte. Marcia, y tú, cuando veías la sensatez senil en un joven, un alma purificada y libre del vicio, triunfante de todas los deleites y sensualidad, buscando los placeres sin abandonarse a ellos, los honores sin ambición, las riquezas sin avaricia, ¿pensabas que se podía conservar por un tiempo más largo? Es que está cerca de caer todo lo que alcanza la cumbre. A nuestros ojos se sustrae y esconde la virtud perfecta, y nunca espera el otoño el fruto que madura de forma prematura. La llama, cuanto más resplandece, tanto más rápido se extingue, siendo más duradera cuando pelea con materias lentas y duras para inflamarse, y su luz brota como de una nube, ahogada por el humo; ya que la misma causa que alimenta a la llama de una forma pobre, hace que viva durante mucho tiempo. De esa manera también pasan con mayor rapidez los genios que tienen más brillo. Puesto que se toca a la decadencia cuando al progreso le falta lugar. Así, Fabiano refiere un caso que nuestros padres pudieron presenciar: un niño romano que había alcanzado el tamaño de un hombre alto, sin embargo, vivió un tiempo muy breve, y no había ni una sola persona sensata que no le presagiara una muerte próxima, debido a que no podía alcanzar una edad a la que había antecedido. Entonces, la madurez es indicio de una descomposición muy cercana, aproximándose el fin cuando todos los desarrollos se han llevado a cabo.

De esta manera, no empieces a valorar a tu hijo por sus años, sino por sus virtudes, y habrá vivido bastante. Después de quedar huérfano, se mantuvo bajo la tutela de su madre toda la vida, hasta los catorce años bajo la vigilancia de sus tutores, y no quiso separarse de los suyos, a pesar de que tuvo sus propios dioses domésticos. Un muchacho a quien parecían destinar a los campamentos su belleza, su estatura y otros atractivos de un cuerpo muy robusto, renunció a las armas por no apartarse de tu lado. Marcia, considera cuán extraño es para las madres mantener a sus hijos cuando viven en casas separadas; también considera cuántos años transcurren en la angustia, en la zozobra, cuando están sirviendo en los ejércitos, y te darás cuenta de qué espacio ocupa el tiempo del que no has perdido nada. Tu hijo jamás se alejó de tus miradas; se formó en los estudios bajo tu atenta mirada, aquella inteligencia superior, que hubiese podido igualar a la de su abuelo, si no le hubiese retenido la modestia que con frecuencia sepulta los avances del genio en el silencio. Un joven con una hermosura poco común, lanzado en medio de esas mujeres que se dedican a pervertir a los hombres, nunca se prestó a las ilusiones de ninguna de ellas; y cuando la corrupción de alguna llegó hasta provocarlo, se avergonzó por haber gustado, como si hubiese cometido un pecado. Apenas salido de la niñez, esta pureza de costumbres le valió para que le consideraran digno del sacerdocio; indudablemente, el voto de la madre le apoyaba, sin embargo, ni ella misma podía triunfar más que por un excelente candidato. Únete a tu hijo, por la contemplación de sus virtudes, como si te perteneciera más en este momento. Ya nada le puede separar de ti, jamás va a ser motivo de sobresalto e inquietud para ti. Marcia, ya has derramado todas las lágrimas que le debías a un hijo tan bueno: el futuro, libre de accidentes, se encuentra lleno de encantos, con tal de que sepas disfrutar de tu hijo, con tal de que entiendas lo más bello y valioso que había en él. Únicamente perdiste la imagen de tu hijo, una imagen que casi ni se le parecía. Sin embargo, él, en posesión de un mejor estado, liberado de extrañas ligaduras, eterno de aquí en adelante, se pertenece a sí mismo por completo. Para el alma solo son tinieblas y trabas esos huesos que ves rodeados de nervios, esa piel que los está cubriendo, esa cara, esas manos, ministros del cuerpo, y toda esta envoltura externa. La oscurecen, la manchan y la agobian, llevándola lejos de lo que es auténtico, lejos de sí misma, con el fin de hundirla en lo que es mentira: todas sus peleas son con esta carne que le pesa mucho, que desearía derrumbar y ponerle cadenas: anhela volver a las regiones de donde nació; allí le espera un descanso eterno, y podrá contemplar la verdad en todo su esplendor, después de derrotar el caos y la oscuridad.

De esta manera, pues, no tienes ninguna razón para correr al sepulcro de tu hijo, donde no vas a hallar más que restos repugnantes, ceniza y huesos, que solo formaban parte de él igual que sus trajes. Sin dejar nada en la tierra que le perteneciera, sin perder nada, comenzó su vuelo, se escondió completamente, y luego de mantenerse durante algún tiempo encima de nuestras cabezas, con la finalidad de purificarse, de lavarse de la mancha de los vicios innatos de toda existencia humana, se elevó a lo más alto del firmamento, donde se cierne en medio de las almas felices, aceptado en el grupo sagrado de los Catones y de los Escipiones, héroes liberados por el beneficio de la muerte y que desprecian la vida. Oh, Marcia, allí tu padre, a pesar de que en esa región todos son familiares, está dedicado a su nieto, encantado con esa nueva luz: le enseña el movimiento de los astros que están alrededor; se complace en revelarle todos los enigmas de la naturaleza, no de acuerdo con simples suposiciones, sino conforme a la ciencia de todas las cosas, que se aprende en los manantiales de la verdad. Y del mismo modo que es fascinante para el forastero recorrer con su huésped todas las cosas maravillosas de una ciudad que no conoce, para tu hijo también lo es preguntar a un intérprete familiar todo lo referente a las causas celestes. Le encanta dirigir su mirada a lo más profundo de la tierra, y se complace, desde lo alto, en considerar todas las cosas que ha abandonado. Oh, Marcia, de esta manera, pues, actúa como si estuvieses frente a un padre y un hijo que te están contemplando; pero no los que tú ya conocías, sino seres perfectos que ahora habitan en unas sublimes moradas: avergüénzate de cualquier pensamiento vulgar y bajo; avergüénzate de llorar a tus seres queridos en su feliz mutación. Arrojados a la eternidad de todas las cosas por los libes y extensos espacios, nunca les detienen la altura de las montañas ni lo hondo de los valles ni las barreras de las olas ni los escollos movibles de los médanos: por todos lados tienen caminos llanos, y expeditos y movibles en todo, se entremezclan con los astros y se penetran de forma mutua.

Imagina, oh, Marcia, que la voz de tu padre, que tuvo tanta autoridad sobre ti como tú tenías sobre tu hijo, desciende desde aquella bóveda celeste: ya no es aquel triste temperamento que criticaba las guerras civiles y condenaba a sus expatriados a un destierro eterno; cuanto de más lejos habla, su lenguaje es tanto más sublime. «Hija mía, ¿por qué te entregas a una tristeza tan prolongada? ¿Por qué razón cierras con tanta intransigencia los ojos a la realidad y piensas que tu hijo fue tratado de manera injusta porque, enfurecido con la vida, se retiró por sí mismo con sus ancestros? ¿Acaso no conoces los huracanes con que el destino perturba todo? ¿Que a nadie se presenta agradable y risueño sino a los que tienen menos que agradecerle? ¿Te habré de nombrar los reyes que hubieran sido los más dichosos del mundo si la muerte hubiese acudido con más rapidez a apartarlos de las adversidades que les estaban amenazando? ¿Y a suprimirles algo de su vida a esos capitanes de Roma a cuya grandeza nada les hubiese faltado? ¿Y esos ilustres y nobles hombres que, bajo la espada de un soldado, tuvieron que inclinar la cerviz? Solo mira a tu abuelo y a tu padre: este fue entregado a manos ajenas. A nadie yo le he dado derecho sobre mi vida, y he mostrado cuánto me alentaba la valentía que dictó mis escritos, absteniéndome de toda alimentación. ¿Por qué motivo se debe llorar más en nuestra casa al que muere más feliz? Todos formamos aquí uno solo y, sin encontrarnos rodeados ya de una oscuridad profunda, vemos que ustedes no tienen nada deseable, de acuerdo con su creencia, nada grande, nada maravilloso; sino que ahí todo es miseria, bajeza, angustia; careciendo, como carecen, de toda nuestra luz. ¿Debo agregar que aquí no poseemos ejércitos que choquen con furia mutua ni armadas que se despedacen en el mar; que aquí no se conspira ni se trama el parricidio; que los foros con procesos no rechinan durante días que no tienen fin; que no hay nada oculto, todas las mentes están abiertas, y todos los corazones claros, se vive el pasado y el futuro de todas las edades, y se vive delante de todos y en público? Me alababa de escribir todos los hechos de un solo siglo, llevados a cabo en un rincón de la tierra y por unos pocos; pero puedo contemplar en este momento todos los siglos, toda la suma de los años y la continuación y encadenamiento de las edades; también puedo prever la caída de las grandes ciudades, las nuevas incursiones del mar y el nacimiento y destrucción de los imperios. Si puedes hallar en el destino común consuelo a tu sufrimiento, convéncete de que nada va a permanecer erguido en el lugar en que se encuentra: el tiempo lo va a destruir todo, va a arrastrar todo, y no únicamente a los seres humanos (una fracción muy pequeña entregada a lo imprevisto), sino que también a las regiones, parajes y lugares de la tierra; va a derribar las montañas y, en ese momento, va a hacer brotar nuevas rocas; va a absorber los mares y separar a los ríos de su cauce, y dispersará las sociedades de la especie humana, destruyendo el comercio de las naciones. Enterrará, en otra parte, las ciudades en simas muy profundas, las va a perturbar con temblores y hará brotar, de lo más hondo, vapores ponzoñosos;

todo lo habitado lo cubrirá con inundaciones: todo ser viviente morirá en la tierra sumergida, y todas las cosas mortales quedarán abrasadas en un extenso incendio. Y todas las fuerzas se van a destruir por su propio impulso, cuando llegue el tiempo en que el mundo se deba destruir para renacer; los astros van a chocar con los astros; toda la materia arderá, y todo lo que brilla con tanto orden en la actualidad, se abrasará al mismo tiempo. Con respecto a nosotros, almas felices, disfrutando de la eternidad, nos confundiremos en los antiguos elementos cuando plazca a Dios llevar a cabo estas cosas en medio de la perturbación universal, restos muy pequeños de la enorme ruina. ¡Oh, Marcia, tu hijo ya conoce este secreto, por eso es feliz!».

También Livia había perdido a Druso, su hijo, que ya era un gran capitán y debía ser un gran príncipe. Había clavado las águilas romanas a donde apenas se sabía que existían romanos, y había penetrado hasta lo más profundo de la Germania. Fallecido como triunfador en esa campaña, sus mismos enemigos le rodearon de respeto durante el tiempo que estuvo enfermo, y aceptaron una tregua, no atreviéndose a desear lo que les favorecía tanto. Al honor de este fallecimiento, ya que moría por la República, se unía el enorme duelo de los ciudadanos de las provincias, de toda la Italia, cuyos municipios y colonias, llegando de todos los lugares para participar en los rituales fúnebres, llevaron hasta Roma sus restos en funerales que más bien parecían una victoria. La madre no había podido disfrutar de las dulces palabras que pronunciaran sus labios ni de los últimos besos del hijo. Había visto resplandecer en toda Italia, mientras seguía el triste cuerpo de Druso en el camino largo del cortejo, un sinnúmero de hogueras que reproducían su sufrimiento, como si hubiese perdido a su hijo otras tantas veces; sin embargo, en cuanto lo depositó en el sepulcro, puso junto con él su sufrimiento, no sollozando más de lo que debía sollozar una madre y era conveniente a una hija de Césares. De esta manera fue que no dejó de glorificar continuamente el nombre de su Druso, de representárselo en todos lados, en privado y en público, y de complacerse cuando oía hablar de él: en cambio, nadie podía alimentar y guardar el recuerdo de Marcelo sin convertirse en un enemigo de la madre. Entonces, Marcia, escoge entre estos dos ejemplos el que consideres más aceptable. Si eliges seguir el primero, te separas del mundo de los vivos, sientes odio por los hijos de las otras mujeres, por los tuyos y hasta por el mismo que lloras; tu encuentro es para las madres un augurio siniestro; no aceptas ningún placer lícito y honesto porque lo consideras incompatible con tu desgracia; aborreces la luz y piensas que tu vida es un auténtico horror que no termina, conduciéndote pronto al sepulcro: en definitiva, lo que es más inadecuado y menos conforme con tu temperamento elevado, tan noble en muchos conceptos, confiesas que no te atreves a morir, pero que tampoco puedes vivir en paz. Sin embargo, no te dejarás consumir en las angustias si escoges imitar a la espléndida Livia, más serena y moderada en su sufrimiento. La demencia de castigarse por los propios sufrimientos e incrementar el número de los males, ¿no es inexplicable? En tu desgracia brillará esa pureza de costumbres, esa circunspección que has observado durante toda tu existencia, ya que el sufrimiento tiene también su modestia. Para tu hijo glorioso vas a merecer descanso recordándole y nombrándole continuamente, y le pondrás en una región más elevada si, del mismo modo que cuando estaba vivo, aún se presenta, a su madre, regocijado y feliz.

Yo no te estoy sometiendo a preceptos excesivamente severos; no te estoy diciendo que soportes de una manera cruel los sufrimientos humanos ni tampoco vengo a secar las lágrimas de una madre en el día mismo del velorio: vamos a tomar un término medio y discutamos «si el sufrimiento debe ser eterno o inmenso». No tengo ninguna duda de que prefieres el ejemplo de Livia Augusta, a la que trataste con familiaridad. Ella te llama a su recomendación: en el primer arrebato de su sufrimiento, cuando la aflicción era más rebelde y más intensa, suplicó el consuelo de Areo, el filósofo de su esposo, y manifiesta que este filósofo la ayudó mucho, más que el pueblo de Roma, al que no deseaba afligir con su enorme desconsuelo; más que Augusto, que dudaba sintiéndose privado de uno de sus apoyos y no debía caer agobiado por el luto de sus seres queridos; más que su hijo Tiberio, cuyo cariño hizo que sintiera, luego de esa pérdida deplorable y cruel para las naciones, que únicamente le faltaba un número de sus hijos. Yo supongo que, frente a una mujer tan celosa por mantener la fama, el filósofo debió empezar diciendo: «Livia, hasta hoy (por lo menos en cuanto yo lo puedo saber, que soy un compañero constante de tu marido, enterado por él no únicamente de lo que se dice públicamente, sino que también de los movimientos más ocultos de tu alma), has tenido cuidado de que nada reprochable se hallara en ti. Tanto en las cuestiones más leves como en las más graves, has tenido muy presente no llevar nada a cabo por lo cual quisieses que la fama, ese juez libre de los príncipes, te diera el perdón. Y también por mi parte, no considero que haya nada mejor, cuando se ocupa un rango superior, que otorgar muchos favores y no recibirlos de otra persona. En la presente ocasión te debes mostrar leal a tus principios, y nunca debes llegar a donde no desearas haber llegado algún día».

«Además, te suplico y ruego que no te hagas intratable y difícil. Nunca debes ignorar que ni uno de ellos sabe cómo actuar contigo; si alguna vez han de hablar, o callar, de Druso en tu presencia, cuando pronunciar su nombre es una ofensa para ti, y no recordarlo es una ofensa para aquel ilustre joven. Cuando nos encontramos solos, luego de retirarnos de tu lado, rendimos los homenajes debidos a sus célebres palabras y acciones: guardamos profundo silencio, relativo a él, delante de ti. De este modo no experimentas la satisfacción más grande, el enaltecimiento de tu hijo, del que, si fuese posible, no tengo la menor duda de que quisieras prolongar su gloria en el futuro, a costa de tu propia vida. De esta manera, pues, permite y hasta provoca las charlas en las que te hablen de él; presta un oído muy atento a su memoria, a su nombre; que esto nunca te pese, como a tantas otras madres que, en tales aflicciones, piensan que escuchar consuelos forma parte de la desgracia. Hasta este momento te has apoyado por completo sobre la parte que te duele, y únicamente has considerado tu suerte por su lado más triste, olvidando la mejor. En lugar de recordar los días dichosos que pasaste con tu hijo, el encanto de sus entretenimientos, la ternura de sus caricias de niño, sus avances en las letras, te complaces en mirar las cosas bajo su apariencia más dolorosa y triste; y las oscureces todo lo que puedes, como si no fuesen suficientemente espantosas por sí mismas. Te suplico que no tengas la ambición depravada de considerarte la mujer más desdichada del mundo. Considera a la vez que no hay una verdadera grandeza al mostrar valentía en la prosperidad, cuando la vida se desliza por un camino muy cómodo. La habilidad del piloto no se revela con viento favorable y mar sereno: las adversidades para que se pruebe la fortaleza del temperamento son necesarias. Entonces, no cedas; antes, resiste con mucha firmeza y sin volver atrás; y por muy grave que sea el peso que te ha caído encima, sopórtale: que el primer ruido únicamente te haya causado un susto. No hay nada que contraríe tanto a la suerte como mantener el mismo ánimo».

Luego de esto le mostraría indemne un hijo y los nietos que el que había perdido le dejó. Oh, Marcia, Areo defendió tu causa; cambia los nombres, y tú eres a quien le ha dado consuelo. Sin embargo, imagina que se te ha despojado más de lo que nunca se ha despojado a ninguna otra madre (indudablemente, no te estoy adulando ni atenuando tu desdicha): si el destino se ablanda con lágrimas, vamos a llorar los dos; que nuestros días transcurran en el duelo; que la aflicción ocupe todas nuestras noches carentes de sueño; rasguemos nuestro pecho ensangrentado con nuestras propias manos, y golpeémonos la caras; que esta beneficiosa desesperación se ejerza con toda clase de crueldades. Sin embargo, si no hay lágrimas que logren devolverles la vida a los que fallecieron, si el destino fijado de manera irrevocable para la eternidad se mantiene impasible ante toda tristeza, y la muerte preserva todo lo que quitó, que se detenga nuestro sufrimiento, ya que es absolutamente inútil. Es necesario gobernar de modo que esta borrasca no nos arroje de un lado a otro. El piloto al que las olas lo despojan del timón es muy torpe cuando entrega la embarcación a la tormenta y abandona las velas flotantes; sin embargo, se debe elogiar a aquel que se hunde empuñando la barra y firme en su lugar durante el naufragio.

«Sin embargo, es natural llorar a los seres queridos». Pero ¿quién lo puede negar cuando se hace moderadamente? Es necesariamente cosa cruel y oprime hasta el temperamento más firme la ausencia, y con mayor razón la muerte de las personas que más queremos; pero la preocupación nos conduce mucho más lejos de lo que la naturaleza manda. Piensa cuán apasionados son los sentimientos en los animales, y no obstante cuán breves. La carrera loca y vaga de los caballos no dura demasiado tiempo, y los mugidos de las vacas se oyen solo uno o dos días. Cuando en algunas ocasiones la fiera ha vuelto a su guarida que fue despoblada por el cazador, y ha recorrido el bosque, siguiendo los rastros de sus cachorros, su rabia se extingue en muy poco tiempo. Los pájaros lanzan gritos muy agudos alrededor de su nido robado, y luego de unos pocos momentos se tranquilizan y emprenden el vuelo habitual. Así, ningún animal lamenta la pérdida de sus hijos durante mucho tiempo, si no es el ser humano, que ayuda a su sufrimiento, siendo su tristeza como se la propone y no como la experimenta. Lo poco natural que es ceder al sufrimiento lo demuestra el hecho de que la misma pérdida entristece menos a los hombres que a las mujeres; a los pueblos de costumbres civilizadas y suaves menos que a los bárbaros; a las personas instruidas menos que a las ignorantes. Pues bien, lo que debe a la naturaleza su fuerza, la mantiene de la misma manera en todos los seres, deduciéndose de esto que no es natural lo variado. El hierro tendrá su propiedad de cortar sobre todos los cuerpos, el fuego va a quemar a todos, en cualquier edad, de toda ciudad, tanto a las mujeres como a los hombres. ¿Por qué razón? Sencillamente porque ha recibido esa propiedad de la naturaleza, que no excluye a nadie. Sin embargo, la ambición, la pobreza o el luto impresionan de forma diferente a unos y a otros, de acuerdo con cómo influye la costumbre en ellos, haciéndonos cobardes y débiles haber creído terrible de antemano lo que no nos debía atemorizar.

Asimismo, lo que es natural no disminuye por la duración, y el tiempo agota el sufrimiento. Por muy testarudo que sea, por mucho que incremente de día en día, aun para someter hasta los más feroces instintos, va a lograr atenuarlo. Oh, Marcia, quédate todavía. Sé que sientes un dolor muy profundo, que da la impresión de haber formado un callo en tu alma, y que al perder su energía inicial se ha transformado en más insistente y tenaz: no obstante, tal como es, los años te lo van a arrancar lentamente. Descansará cuantas veces tu ánimo esté ocupado por otros cuidados; sin embargo, en este momento tú vigilas sobre ti misma, y es muy distinto imponerse o permitirse la tristeza. ¿A la delicadeza de tus costumbres no le sería más conveniente fijar, antes que esperar, el fin de tu sufrimiento y no prolongarlo hasta el día en que debe detenerse, muy a tu pesar? Tú misma renuncia a él.

«Pero ¿de dónde proviene tanta perseverancia en llorar a nuestros seres queridos, si la naturaleza no la impone?». De que no previendo nunca el mal hasta que cae encima de nosotros, como si tuviésemos el privilegio de entrar en una vida más segura y diferente, no nos hacen la advertencia de los infortunios de otros que nos son comunes con ellos. Por delante de nuestra casa pasan muchos funerales y nunca pensamos en la muerte; vemos muchos fallecimientos antes de tiempo, y únicamente nos preocupamos por la investidura de nuestros hijos, sus servicios en los campamentos, el patrimonio que les vamos a dejar como herencia: podemos ver ante nuestros ojos la inesperada pobreza de muchas personas ricas, y jamás se nos ocurre que nuestros bienes están encima de una pendiente muy resbaladiza, igual que los suyos. Si se nos hiere de manera repentina, caemos, inevitablemente, de lo más alto. Los golpes del infortunio llegan más desbocados cuando están previstos desde mucho antes. ¿Deseas saber que estás muy expuesta a todos los golpes y que vibran a tu alrededor los dardos que han herido a los otros? Imagina que escalas una muralla sin llevar ningún arma, un fuerte de rudo acceso y que se encuentra ocupado por muchos enemigos: estás esperando la muerte, y piensa que esos dardos, esas flechas y esas piedras que vuelan encima de tu cabeza los están lanzando contra ti, siempre que caen a tu espalda o a tus lados; entonces grita: «Fortuna, no me vas a engañar; no me esclavizarás estando yo descuidada o considerándome segura. Sé perfectamente lo que me estás preparando: te dirigías a mí, aunque hieres a otro». ¿Qué persona ha considerado nunca sus bienes como si fuese a fallecer? ¿Quién de nosotros ha pensado jamás en la pobreza, el luto o el exilio? ¿Qué persona, advertida para pensar en esto, no ha rechazado de forma rotunda un augurio tan siniestro y anhelado que cayese encima de la cabeza del importuno consejero o de sus enemigos? «¡Yo no creía que ocurriese!». ¿Y por qué razón no habías de creerlo, cuando sabes que puede ocurrir con frecuencia, cuando ves que ocurre habitualmente? Escucha este precioso verso de Publio, que nunca se debe olvidar: *Cuivis potest accidere, quod cuiquara potest* (Cualquier accidente le puede pasar a cualquiera).

Ese hombre perdió a sus hijos y tú también los puedes perder. Ese fue condenado, tú, a pesar de ser inocente, también lo puedes ser. Este es el error que nos hace débiles y nos ciega: sufrimos lo que jamás habíamos previsto que debíamos padecer. Aquel que mira a los males del porvenir, le quita su fuerza a los actuales.

Oh, Marcia, todas las cosas de brillo efímero que tenemos a nuestro alrededor: riquezas, honores, pórticos enormes, lujos, vestíbulos llenos de clientes a los que no se acepta; esposa ilustre, hermosa, noble y los otros bienes que provienen de una fortuna inconstante e incierta, únicamente son un lujo ajeno que la suerte nos presta: no nos da nada de esto en propiedad: la escena solo está adornada con decoraciones prestadas que se deben devolver a sus auténticos propietarios. Así, hoy nos van a quitar unas, mañana otras y para el final van a quedar muy pocas. De esta manera, pues, no seamos presumidos y no nos vanagloriemos como si estuviésemos entre cosas que nos pertenecen; únicamente las tenemos a manera de préstamos. Solo tenemos la utilidad y el beneficio; la suerte limita a su antojo lo que duran sus beneficios: siempre debemos estar dispuestos a reponer, sin murmurar, a la primera petición, y a devolver lo que se nos entregó por un tiempo incierto. Es un pésimo deudor aquel que insulta a su acreedor. De este modo, entonces, a todos nuestros seres queridos, y aquellos a quienes, por el orden lógico y natural, les deseamos que sobrevivan durante largo tiempo, como también a los otros cuyo deseo legítimo es precedernos en el sepulcro, los debemos amar en la creencia de que no existe nada que nos prometa su eternidad ni siquiera lo que vayan a durar sus vidas. Marcia, advierte a tu corazón que les ame profundamente con la conciencia de que en algún momento los vas a perder, más todavía, de que, sin duda, los pierde: que tenga y disfrute los regalos de la fortuna como bienes sobre los que el Señor se ha reservado todos los derechos. Date prisa en disfrutar de tus hijos, y haz que ellos también disfruten de ti, de forma recíproca; apura toda tu felicidad sin demora: no hay nada que te asegure el día actual; disculpa, estoy poniendo un plazo muy largo; no hay nada que te asegure esta hora. Es necesario darse prisa, la muerte viene caminando detrás; todo este entusiasmo va a desaparecer rápidamente; muy pronto, van a plegar tu tienda al primer grito de alarma. Lo de aquí, todo, es botín. ¡Infelices! ¿No saben que viven huyendo permanentemente?

Marcia, cuando te lamentas de la muerte de tu hijo, estás culpando al día que nació, porque en el momento de su nacimiento se le anunció la muerte. Te lo entregaron con esta condición, y desde que quedó concebido en tu vientre, lo persigue el destino. Todos somos súbditos de la fortuna, reina inexorable, cruel, que nos impone lo justo y lo injusto a su voluntad. Así, nuestros cuerpos van a ser simples juguetes de sus crueldades, de sus ofensas y de su tiranía: a unos les va a quemar como remedio o como castigo; a otros les pondrá cadenas y los entregará a sus conciudadanos o a sus enemigos; a estos, sin ropas y rodando en los mares inestables, luego de pelear con las olas, ni siquiera les va a arrojar a la playa o a la arena, sino que los alojará en el vientre de algún enorme animal; a aquellos, luego de debilitarlos con todo tipo de enfermedades, les va a tener durante un tiempo muy largo suspendidos entre la vida y la muerte. Poco cuidadosa de sus esclavos, voluble, caprichosa, repartirá recompensas y castigos solo guiándose por el azar. Entonces, ¿por qué razón llorar esa parte de la existencia? Se debe llorar la vida entera. Antes de que hayas satisfecho a las antiguas desdichas, muchas nuevas caerán sobre ti. Por lo tanto, moderen su tristeza, mujeres oprimidas por tantos desconsuelos: el pecho de los seres humanos se debe repartir entre muchos sufrimientos y muchos miedos.

Consolación a Helvia

I

Oh, excelente madre, he sentido impulsos para consolarte en muchas ocasiones, y me he contenido también en muchas de ellas. Varias cosas me impulsaban a atreverme: primeramente, me daba la impresión de que iba a quedar libre de todas mis angustias si conseguía contener tus lágrimas al menos por un instante, aunque no pudiera secarlas del todo; asimismo, no dudaba de que, si sacudía mi letargo, tendría la suficiente autoridad para lograr despertar tu alma; y temía, en último lugar, que, no derrotando al destino, él derrotara a alguno de los míos. De manera que, poniendo la mano encima de mi herida, deseaba con todas mis fuerzas arrastrarme hasta la tuya con el fin de cerrarla. Sin embargo, otras cosas venían a demorar mi plan. Estaba seguro de que, en la violencia de su primer arrebato, no deben combatirse de frente los dolores, debido a que el consuelo únicamente hubiese logrado incrementarlo e irritarlo; de la misma forma como no hay nada tan dañino en todas las enfermedades como un medicamento anticipado. Entonces solo esperaba que tu dolor agotara todas sus fuerzas por sí mismo y que permitiese tocar y cuidar la herida, ya preparada por la demora para aguantar el remedio. Al leer, además, otra vez las lecciones que nos dejaron los ilustres y grandes genios con respecto a las maneras para corregir y contener la tristeza, no hallaba el ejemplo de alguno que, siendo él mismo la causa de lágrimas para los suyos, los hubiese consolado a ellos. Vacilaba y temía, con esta nueva duda, que en lugar de consolar tu alma la desgarrara. ¿No necesitaba acaso nuevas palabras, que no tuviesen nada de común con los consuelos habituales de la gente, aquella persona que, con el fin de consolar a sus seres queridos, alzaba la cabeza de la pira? Y asimismo es bastante natural que la intensidad de un sufrimiento que sobrepasa la medida común prive de la escogencia de palabras cuando también ahoga la voz con frecuencia. Intentaré ser tu consolador del modo que pueda, no porque tenga confianza en mi inteligencia y perspicacia sino porque, en definitiva, puedo ser la consolación más eficaz para ti. No te vas a negar ahora (a pesar de que toda tristeza es obstinada) al que jamás le has negado nada, y espero poner fin a tu desconsuelo.

II

Puedes notar cuánto me prometo de tu condescendencia: no tengo duda de ser más fuerte para contigo que el sufrimiento, que es todopoderoso con los desdichados. De manera que, lejos de trabar una lucha con él de manera brusca, ante todo deseo alimentarle y defenderle: voy a abrir otra vez todas las heridas y despertar todas sus causas. Se podría decir: «Recordar las penas olvidadas es una manera muy extraña de dar consuelo;

poner el corazón en presencia de todos sus sufrimientos, cuando apenas logra soportar uno solo de ellos». Sin embargo, reflexiónese sobre qué males sumamente peligrosos para aumentar a pesar de las medicinas, se curan con los remedios opuestos. Entonces, rodearé tu sufrimiento de toda su fúnebre pompa, de todos sus lutos; esto será aplicar el fuego y el hierro, no medicamentos. ¿Qué voy a lograr? Que, después de haber salido triunfante de tantas miserias, te dé vergüenza no saber cómo soportar una sola herida en un cuerpo totalmente lleno de cicatrices. Giman y lloren copiosamente aquellas personas cuyos ánimos delicados fueron enervados por una felicidad prolongada, hundiéndolas la desilusión más leve que cae encima de ellas; sin embargo, aquellas personas cuyos años han trascurrido entre calamidades aguantan los sufrimientos más intensos con firme e inquebrantable perseverancia. La frecuencia de la adversidad posee algo bueno, y es que termina por endurecer cuando atormenta sin tregua. El destino no te entregó ni un solo día en el que no tuviera peso la desdicha, ni siquiera el de tu nacimiento estuvo exento. Perdiste a tu madre apenas naciste, o más bien, cuando viniste al mundo, y fuiste arrojada, en cierto modo, a la existencia. Fuiste creciendo al lado de una madrastra, y la obligaste a transformarse en madre a través del cariño y dulzura que se pueden encontrar en una buena hija; no obstante, no hay ninguna persona que no haya pagado caro tener una madrastra, incluso siendo una buena mujer. Perdiste a tu tío, tan excelente y esforzado, y que tanto te amaba, cuando esperabas el momento de su llegada. Y como si la fortuna tuviera el temor de herirte menos al dividir sus golpes, treinta días más tarde condujiste hasta su sepultura a un esposo al que amabas con ternura y que era el padre de tus tres hijos. Sufriendo y llorando como te encontrabas, te vinieron a anunciar nuevas aflicciones con la ausencia de tus hijos: daba la impresión de que todos los males se habían puesto de acuerdo para caer sobre ti al mismo tiempo, para no dejarte un lugar donde descansar tu sufrimiento. Excluyo tantos miedos y peligros cuyos ataques has aguantado y que se sucedían de forma ininterrumpida. En otra época, recogías los huesos de tus tres nietos sobre el mismo seno que tus tres hijos habían dejado recientemente. Aún te faltaba llorar por los vivos: escuchaste que yo te era arrebatado, veinte días más tarde de haber sepultado a mi hijo, fallecido en tus brazos y entre tus besos.

III

Confieso que esta última es la herida más grave de todas las que ha recibido tu pecho, debido a que no solo rasgó la piel, sino que penetró en medio de tus entrañas y de tu corazón. Sin embargo, del mismo modo que los soldados novatos gritan cuando sufren la más ligera herida, sintiendo menos miedo de la espada que de la mano del doctor, mientras que los expertos, a pesar de estar atravesados de parte a parte, se prestan con paciencia, y sin sollozos, al filo del acero como si fuera un cuerpo extraño; de esa manera tú también te debes prestar a la operación hoy. Aparta de ti los lamentos, gemidos y manifestaciones agitadas que habitualmente lleva consigo el sufrimiento de la mujer; porque si todavía no has aprendido a ser desdichada, habrás perdido todo el beneficio de tantos males. ¿Acaso ves que te trato tímidamente? No he omitido nada de tus males: te los he presentado todos frente a los ojos y lo hago con mucha valentía, ya que no pretendo mitigar tu sufrimiento, sino triunfar sobre él.

IV

Y pienso que lo voy a derrotar, si en primer lugar te demuestro que no sufro nada que me pueda hacer pasar por desdichado, y menos todavía para hacer desdichados a aquellos que me tocan de cerca; si hablando de inmediato de ti, te pruebo que tu fortuna no es tampoco más lamentable, debido a que depende de la mía completamente. Te voy a decir, primeramente, lo que tu cariño desea saber con mucha prisa: que no sufro ningún mal; y si no te logro convencer, te voy a demostrar, hasta la evidencia, que me son tolerables las tristezas por las que me crees abrumado. Si no lo pudieses creer, tendría mayor razón para felicitarme al hallar la felicidad en medio de cosas que habitualmente significan la desdicha de los otros. Nunca creas lo que los demás te digan de mí: yo mismo te puedo asegurar que no soy desdichado, todo con la finalidad de liberarte de los desasosiegos que te podrían generar las opiniones inciertas. Y para que estés más tranquila, voy a añadir que ni siquiera lo puedo llegar a ser.

V

Si no salimos de nuestra condición, todos los seres humanos nacimos para la felicidad. Así, la naturaleza ha querido que no se necesiten grandes lujos para vivir dichosos: cada cual se puede labrar su felicidad. Es que las cosas fortuitas no pueden actuar con fuerza en ningún sentido y tampoco tienen mucho peso: la bonanza nunca eleva al sabio ni el infortunio le puede hundir porque ha trabajado incesantemente en aglomerar dentro de sí mismo todo cuanto ha podido y en buscar toda su alegría dentro de él. ¿Cómo? ¿Me quiero llamar sabio? De ninguna forma, porque si tuviera la intención de serlo, no solo negaría que soy desdichado, sino que me declararía, siendo casi igual a Dios, el más dichoso de todos. Hasta este momento, y esto es suficiente para dulcificar todos mis sufrimientos, lo único que he hecho es entregarme en manos de los sabios: he buscado refugio en el campamento de aquellos que defienden con facilidad sus bienes y su cuerpo, siendo muy débil para defenderme por mí mismo. De manera que estos son los que me han dado el consejo de que permanezca como un centinela, constantemente de pie; que prevea todos los ataques y las empresas de la suerte mucho antes de que se lleven a cabo. La suerte agobia a aquellas personas sobre las que cae repentinamente, y la derrota sin esfuerzo aquel que vigila permanentemente. De este modo, el enemigo, cuando llega, derrumba a los que están desprevenidos; pero aquellos que, antes de la guerra, se prepararon para la siguiente, ordenados y dispuestos, sostienen el primer choque, que es el más violento, sin ningún problema. Jamás tuve confianza en la suerte, ni siquiera cuando daba la impresión de que hacía las paces conmigo. He puesto todos los favores con que me colmaba: gloria, honores, riquezas, en un lugar donde, sin conmoverme, ella los pudiera recuperar. He establecido un intervalo muy grande entre esas cosas y yo, por cuyo motivo, sin arrancármelas, me las ha arrebatado.

Las adversidades únicamente derrumban el ánimo engañado por las victorias. Aquellos que se adhieren a los obsequios de la suerte como a bienes duraderos y personales, y por ellos desearon que se les rindiera homenaje, se hunden y desconsuelan cuando a su alma, frívola y superficial, que desconoce los placeres que poseen solidez, les son arrebatados esos goces pasajeros y engañosos. Sin embargo, aquella persona a quien no apasiona la prosperidad no queda afligida por las adversidades, oponiendo una probada firmeza y un ánimo invencible a la favorable y desfavorable fortuna, debido a que ensaya sus fuerzas contra el infortunio durante el tiempo de prosperidad. Siempre, por este motivo, he creído que no existe absolutamente nada de verdadero en esas cosas que todos los seres humanos desean: las he encontrado adornadas con apariencias seductoras y engañosas, sin tener nada en lo profundo que tenga correspondencia con lo exterior, y totalmente vacías. No encuentro, en lo que llaman males, todo lo terrible y espantoso con lo que la opinión del vulgo me amenaza. La propia palabra, tal es la preocupación sobre la cual todas las personas están de acuerdo, llega al oído con aspereza, siendo algo tétrico que no se puede escuchar sin sentir pánico: de esa manera lo quiso el pueblo; sin embargo, los sabios son los que revocan muchos acuerdos del pueblo.

VI

Entonces, removida la opinión de la multitud, que permite ser arrastrada por la impresión inicial de las cosas, de la manera como aparecen, vamos a ver qué significa el destierro: solo es cambio de lugar, en su expresión final. Quizás dará la impresión de que le elimino sus angustias y que le suprimo todo lo que posee de más doloroso, debido a que cosas muy desagradables, como el desprecio, la pobreza, el oprobio, acompañan a este cambio. Luego voy a responder a estos pretendidos males: deseo examinar, mientras tanto, en primer lugar, la amargura que encierra este cambio de lugar en sí. «No tener patria es intolerable». Solo considera esa gran cantidad de personas a las que las enormes mansiones de la ciudad apenas les son suficientes. Y más de la mitad de ella se encuentran lejos de su patria. Aquí afluyen de sus colonias, de sus municipios, de todos los rincones del mundo. A unos los traen los deberes de un empleo público, a otros la simple ambición; a aquellos un cargo de embajadores, a estos el libertinaje que siempre busca una ciudad cómoda para sus vicios, lujosa; a otros los espectáculos; a algunos el amor a los estudios liberales; atrayendo a otros el hacer amigos o la actividad que logra encontrar un teatro extenso con el fin de mostrarse en todo lo que le sea posible; unos traen su venal elocuencia y otros su venal belleza. No hay especie de personas que no llegue a esta ciudad, donde se aprecian mucho los vicios y las virtudes. Pregunta a cada uno de ellos de qué familia viene y da la orden de que a todos se les llame por sus nombres: te darás cuenta de que casi todos han abandonado su casa con el fin de venir a esta ciudad bella y grande, sin ninguna duda, pero que, no obstante, no les pertenece. Deja ahora esta ciudad que se puede llamar, en cierto modo, la patria común: y recorre todas las demás; no hay ni una cuyos habitantes no los forme un gran número de personas extranjeras, en su mayoría. Luego aléjate de esas orillas, cuya delicia y encanto atrae a la multitud; entonces, ven a estas playas desiertas, a estas islas salvajes, Córcega y Gyarum, Seriphum y Sciathum; no vas a hallar ningún destierro donde alguno no habite por su propio gusto. ¿Dónde encontrar un paraje más abrupto, más desolado, que este peñasco? ¿Más carente de recursos que este habitado por personas más ingobernables, bajo cielo más inclemente y erizado de asperezas más amenazadoras? Y, no obstante, aquí hay menos ciudadanos que extranjeros.

Es tan cierto que el cambio de lugar nada tiene de difícil e ingrato, que para venir a esta isla se abandona la patria. Conozco a algunas personas que aseguran que en el hombre existe una necesidad natural de cambiar de lugar y trasladar sus dioses domésticos. Y, ciertamente, al hombre se le ha dado un alma movible e intranquila; jamás se mantiene quieta, pasea y extiende su pensamiento en todos los lugares conocidos y no conocidos; aficionada a lo novedoso, vagabunda, impaciente de reposo. Si consideras su origen inicial, esto no te va a sorprender. No se encuentra formada de este cuerpo pesado y terrestre; desciende directamente del espíritu celestial, y todo lo celestial tiene en su naturaleza encontrarse todo el tiempo en movimiento y escapará arrebatado por una carrera muy rápida. Observa todos los astros que iluminan la tierra; no existe uno que se pueda detener; caminan incesantemente y se trasladan de un punto a otro; aunque giran con el universo, gravitan, no obstante, en sentido contrario; atraviesan todos los signos de manera sucesiva y siempre viajan, siempre se mueven. La totalidad de los astros están en continuo tránsito, en continua revolución y en eterna traslación, de acuerdo con lo que ha dispuesto la ley imperiosa de la naturaleza. Al haber recorrido sus órbitas, transcurrida la cantidad de años que ha fijado la misma naturaleza, empezarán otra vez el camino que ya siguieron. Entonces bien, si se considera esto, no vas a poder creer que el alma de las personas, formada de idéntica sustancia que todas las cosas divinas, aguanta a disgusto las emigraciones y los viajes, cuando la naturaleza de Dios encuentra en el rápido y eterno cambio su conservación y placer. Sin embargo, regresa a las cosas de la Tierra, abandonando las celestes. Vas ver que las naciones y pueblos cambiaron de patria. En medio de países bárbaros, ¿qué significado tienen esas ciudades griegas? ¿Qué significa ese idioma macedónico hablado entre Persia y la India? Toda esa región de países indomables y feroces y la Scitia nos muestran ciudades de Acaya que han sido edificadas en los litorales del Ponto. Ni las costumbres de los pobladores, igual de salvajes que su clima, ni los rigores del invierno perpetuo han impedido que muchos trasladen allí su residencia. En setenta y cinco ciudades distintas, Mileto ha derramado ciudadanos; Asia se encuentra llena de atenienses. La Grecia mayor fue toda la costa de Italia, bañada por el mar inferior. Los griegos se han introducido en la Galia; los galos, en Grecia; ya los Pirineos no cierran el paso a los germanos; los tirios habitan África; los cartagineses, España; Asia reivindica a los toscanos; la movilidad de los seres humanos paseó por soledades desconocidas e impracticables. Y estos pueblos van acompañados de sus padres, abrumados por la edad; sus niños y sus mujeres. Algunos, luego de perderse en enormes rodeos, no tomaron la decisión ni eligieron el lugar de su hogar, sino que se detuvieron en el más inmediato por estar muy cansados; otros se apoderaron de las tierras ajenas a través de las armas; unos quedaron sepultados en el abismo cuando navegaban hacia playas que no conocían y otros, finalmente, se quedaron fijos en las riberas donde la carencia de lo necesario les depositó. No todos tenían los mismos motivos para abandonar su patria y buscar una nueva. Luego de la destrucción de sus ciudades, algunos, huyendo del hierro de sus enemigos, fueron lanzados a tierras extrañas, quedando despojados de lo que les pertenecía; a los demás los desacuerdos internos los expulsaron; estos emigraron con el fin de aliviar sus ciudades sobrecargadas de habitantes; a los otros fue la peste la que les arrojó, los habituales terremotos u otro azote insoportable de una región infortunada; a unos los sedujo el renombre de una comarca muy célebre y fértil, y todos, en definitiva, abandonaron sus casas por motivos distintos. Es evidente que nada se queda para siempre en el lugar en que nació: la especie humana se mueve de manera continua, y en este extenso conjunto algo cambia todos los días. Se echan los cimientos de ciudades nuevas; aparecen otras naciones cuando cambian de nombre las antiguas, al ser incorporadas a los pueblos triunfadores, o mueren. ¿Y qué otra cosa son que destierros públicos estos desplazamientos de los pueblos?

VII

Pero ¿por qué razón te conduzco por un rodeo tan largo? ¿Tendré que citarte a Evandro, que puso los reinos de los Árcades en la orilla del Tíber; a Atenoro, que edificó a Patavium; a Diomedes y a todos los demás a quienes la guerra de Troya, hombres victoriosos y derrotados al mismo tiempo, dispersó por tierras extranjeras? El Imperio Romano fue fundado por un desterrado que, escapando de su patria conquistada, y llevando consigo restos exiguos, buscando un asilo lejano, fue arrojado a las costas de Italia por la necesidad y el temor al ganador. Y después este pueblo, ¿cuántas colonias envió a todas las provincias? El romano habita donde vence: sus hijos se alistaban de manera voluntaria para estos cambios de morada, y el anciano transformado en colono les seguía al otro lado de los mares, dejando atrás, para siempre, su altar doméstico.

Para mi objetivo no necesito mayor cantidad de ejemplos; sin embargo, voy a agregar uno, ya que salta a la vista. En muchas ocasiones, esta misma isla ha cambiado de habitantes. Con el fin de no remontarme a épocas que oscurece la antigüedad, dejando la Phocida, los griegos que viven en la actualidad en Marsella se radicaron en esta isla, en sus orillas. No se sabe qué les forzó a ello, si fue el temperamento de un mar impetuoso, el aspecto formidable de Italia o la insalubridad del clima. Se debe creer que la ferocidad de los habitantes naturales no fue el motivo de su partida, debido a que se vinieron a mezclar con los pueblos que eran en aquel momento los más indomables y rudos de la Galia. Luego llegaron a esta isla los ligurios; los españoles vinieron más tarde, como lo prueba la similitud de costumbres; conservando actualmente de los cántabros el calzado, el gorro con que se cubren la cabeza y varias palabras, debido a que toda su lengua primitiva está alterada por el comercio con ligurios y griegos. Luego llegaron dos colonias de ciudadanos romanos, una con Sila y otra con Mario. ¡Han cambiado en tantas ocasiones los habitantes de este peñasco árido y espinoso! En definitiva, difícilmente vas a hallar una tierra que todavía se encuentre habitada por su población indígena: la totalidad de las cosas se han mezclado y se encuentran amontonadas unas encima de otras; unos pueblos sucedieron a otros. Este ha querido todo lo que aquel despreciaba: de donde uno lanzó al otro fue desterrado. El destino ha dispuesto que absolutamente nada en la Tierra pudiese tener la fortuna a su lado para siempre. Con el fin de poder soportar estos cambios de lugar, descartando los otros problemas que el exilio trae consigo, Varrón, el más sabio de los romanos, opina que es suficiente para nosotros disfrutar de la naturaleza misma, donde quiera que estemos. De acuerdo con M. Bruto, a aquellas personas que parten para el destierro les basta con poder llevar sus virtudes con ellas. Si se piensa que cada solución de estas, considerada de manera separada, no es lo suficientemente eficaz para consolar al exiliado, es necesario confesar que tienen una fuerza muy poderosa cuando son usadas al mismo tiempo. ¡Vale muy poco todo lo que perdemos! A donde quiera que vayamos nos van a seguir dos cosas excelentes: la virtud que nos es propia y la naturaleza que es común a todos. Créeme que de esa manera lo quiso aquel, sea quien quiera, que le dio la fortuna al universo; sea un encadenamiento y destino inmutable de las cosas unidas entre sí, sea una razón incorpórea, arquitecto de estas obras maravillosas, sea un espíritu divino repartido con la misma energía en los cuerpos más pequeños y en los más grandes, sea un Dios, señor de todas las cosas; de este modo, pues, lo vuelvo a decir, lo ha querido, con el fin de solo dejar caer en poder ajeno lo más despreciable de lo que nos pertenece. Lo mejor de las personas se encuentra fuera del poder humano; no se le puede quitar ni dar: estoy hablando del mundo, la más hermosa y resplandeciente creación de la naturaleza; de esta alma que está hecha para admirar y contemplar la Tierra, del que ella, a su vez, es la parte más grandiosa; esta alma de la que somos dueños, que es nuestra propiedad y para toda la vida, que debe tener la misma duración que tengamos nosotros. Entonces, caminemos erguidos, alegres y con paso muy firme al lugar donde nos conduzca el destino.

Vamos a recorrer todas las tierras; no encontraremos ni una sola en el mundo que sea extraña al ser humano.

Nuestra mirada se eleva desde todas ellas a la misma distancia hacia el cielo; y el mismo intervalo separa las cosas divinas de las humanas. Con tal de que se me permita contemplar el sol y la luna, sumergir mi mirada en los otros astros, interrogar su ocaso y su salida, su distancia y las razones de su marcha, unas veces lenta, otras rápida, mientras no se prive a mis ojos de este espectáculo del que no se saturan; admirar en las noches tantas estrellas brillantes, unas inmóviles, otras desviándose levemente, pero siempre girando en la órbita que tienen trazada, y mientras que unas se lanzan de repente, otras nos deslumbran con un rastro resplandeciente como si estuviesen a punto de caer, o vuelan arrastrando detrás una cabellera inflamada; con tal que viva acompañado así, y me mezcle, en todo cuanto se puede mezclar el hombre, a todas las cosas del cielo; con tal que mi alma permanezca en las regiones sublimes, aspirando a contemplar los mundos que son parte de su naturaleza, entonces, ¿qué me puede importar lo que tengo en el suelo? Y, no obstante, la tierra en la que estoy no es surcada por ríos anchos y navegables; no es abundante en árboles umbrosos o fructíferos; tampoco no produce nada que los otros pueblos le vengan a pedir, siendo suficiente apenas para servir de sustento a sus pobladores: aquí no se registran venas de oro ni de plata, ni se labran piedras preciosas. Al que le encantan las cosas de la tierra tiene el ánimo estrecho: vamos a volvernos hacia aquellas personas que aparecen igualmente en todos lados, que en todos brillan igual, y vamos a persuadirnos de que las demás son impedimento para la auténtica felicidad, debido a las preocupaciones y errores que engendran. Así, cuantos más largos hayamos construido nuestros pórticos, cuanto más hayamos extendido nuestros dominios, ahondado nuestras grutas de estío, elevado nuestras torres y más atrevido sea el techo que cubra nuestro salón de banquetes, habremos hecho más para escondernos el firmamento. La fortuna te ha arrojado a un país donde una cabaña es el edificio más grande. Tu corazón será débil y buscarás consuelos muy bajos, si necesitas pensar en la cabaña de Rómulo para vivir en ese asilo de manera animada. Entonces, di más bien: este cuartucho humilde es asilo de todas las virtudes; y va a ser superior en fastuosidad a todos los templos, cuando en él se vea el cumplimiento ordenado de todos los deberes con la ciencia de las cosas humanas y divinas, la continencia con la justicia, la piedad con la sabiduría. Cuando puede contener esta enorme cantidad de grandes virtudes ningún lugar es angosto: ningún destierro es penoso, cuando puede irse a él con esta compañía. En el libro que escribió sobre el tema de la virtud, Bruto asegura que vio a Marcelo en el exilio de Mitilena, entregado con más entusiasmo que nunca a los estudios elevados y viviendo con toda la dicha que es compatible con la naturaleza del ser humano.

De esta manera agrega que, al separarse de él, le parecía que él mismo partía para el exilio, antes que dejar atrás a un exiliado. ¡Más feliz, oh, Marcelo, cuando merecías los halagos de Bruto que cuando tu Consulado recibía los de la República! ¡Pero qué grande fue aquel hombre a quien no se podía abandonar en el exilio sin uno mismo creerse exiliado; que hizo que un hombre que fue admirado hasta por el mismo Catón lo admirara! Asimismo, Bruto refiere que C. César no se quiso detener en Mitilena, debido a que no podía sostener la presencia de aquella noble desgracia. El Senado solicitó, con súplicas públicas, el regreso de Marcelo; se hubiese dicho que ese día todos compartían el mismo sentimiento de Bruto, al ver su tristeza y su luto, y rogaban por ellos mismos, no tanto por Marcelo, desterrados si habían de vivir alejados de él: y, no obstante, el día más bello de su existencia fue aquel en que Bruto no le pudo abandonar, cuando César no le pudo ver en el exilio. César sintió vergüenza de volver sin Marcelo, Bruto se entristeció. ¿Acaso puedes dudar que, para soportar con tranquilidad el destierro, ese gran hombre se animó con estas palabras: «Encontrarse lejos de la patria no es una desgracia; te has imbuido mucho en la filosofía para saber que el sabio encuentra su patria en todas partes»? Pero ¿cómo no? ¿El mismo hombre que te desterró no estuvo privado de su patria durante diez años? Es cierto que fue por agrandar el imperio, sin embargo, no por eso dejó de estar alejado de la patria. Ahora helo aquí atraído por España, que reaviva las partes dominadas y derrotadas; por el África, que nos está amenazando con una nueva guerra; por el infame Egipto, por todo el mundo atento con el fin de sacar provecho de nuestras revueltas. Entonces, ¿a dónde va a acudir primero? ¿A qué partido se va a oponer? El triunfo le paseará por toda la tierra. Que todos los países se rindan para venerarle: tú, con la admiración de Bruto, vive feliz.

Así, Marcelo soportó su destierro con sabiduría, y nada en su alma fue alterado por el cambio de lugar, aunque estuviese en compañía de la pobreza, en la que no se encuentra nada dificultoso, cuando no se está encandilado por esa locura del lujo y la avaricia que lo trastorna todo. En efecto, ¡cuán poco es suficiente para la conservación del ser humano! Y al que tiene algo de virtud, ¿qué puede faltarle? Observo, por lo que a mí respecta, que solo he perdido cuidados y no riquezas. Los deseos del cuerpo son limitados: quiere saciar con alimentos el hambre y la sed, y resguardarse del frío; fuera de esto, todo lo que se ambiciona es un trabajo que no se toma para las necesidades, sino para los vicios. No es necesario arrancar conchas en las orillas desconocidas de los mares más remotos, cargar el vientre con inmenso estrago de animales ni registrar todos los océanos. Confundan los dioses y las diosas a aquellos hombres cuyo desenfreno traspasa los límites de un imperio tan apetecido. Desean que, para proveer su ambiciosa cocina, se vaya a cazar más allá de Phaso; se atreven a ir hasta entre los parthos, de los que aún no nos hemos vengado, para buscar aves. Se hace venir de todos lados aquello que puede satisfacer las exigencias de su soberbia gula. Se trae, de los últimos extremos del océano, lo que su estómago gastado por los placeres apenas va a recibir. Comen para vomitar, vomitan para comer, y desprecian digerir los manjares que pidieron a toda la tierra. ¿Qué daño le causa la pobreza al que desprecia todas estas cosas? Y, además, la pobreza beneficia al que la desea, ya que sana a pesar suyo, y si no acepta las medicinas que se ve forzado a tomar, por lo menos, lo que no puede hacer, durante este tiempo, es como si no deseara hacerlo. C. César, al que pienso que la naturaleza dio vida con el objetivo de mostrar lo que pueden hacer en la gran fortuna los grandes vicios, comió diez millones de sestercios en una sola cena; y apenas pudo gastar en una comida la renta de tres provincias, pese al auxilio de tantos genios inventivos. ¡Infelices aquellos cuyo paladar únicamente despierta con platos delicados, y no se les hace maravilloso su exquisito sabor, ni nada de lo que deleita a la boca, sino lo difícil de obtenerlos! Si lograran recuperar la sana razón, ¿para qué necesitarían poner tantas industrias al servicio de sus estómagos? ¿Qué razón hay para ese comercio? ¿Por qué motivo esa destrucción de bosques? ¿Con qué finalidad esos sondeos en los abismos? Se encuentran a cada paso alimentos que la naturaleza ha sembrado en todos lados; sin embargo, pasan junto a ellos como ciegos; van por todas las comarcas como errantes; atraviesan los mares e irritan el hambre con enormes gastos, cuando con tan poco la podían calmar.

Quiero decirles: ¿Por qué arman sus manos contra los hombres y contra los animales? ¿Por qué corren con tanta desesperación? ¿Por qué amontonan riquezas sobre riquezas? ¿Por qué lanzan naves al mar? ¿Ustedes no quieren pensar en lo pequeños que son sus cuerpos? ¿No es la equivocación más grande y la última locura tener tanta avidez cuando se posee una capacidad tan pequeña? Aunque aumenten su censo y ensanchen sus límites, jamás, sin embargo, van a aumentar su cuerpo. No tendrán donde colocar todo ese lujo, aunque hayan prosperado sus comercios, que la guerra les haya producido enormes utilidades, que se amontonen manjares traídos de todos los países en sus mesas. Entonces, ¿por qué razón correr detrás de tantas cosas? ¡Indudablemente nuestros antepasados, cuya virtud aún forma la fuerza de nuestros vicios, eran muy desdichados, ya que preparaban sus alimentos con sus propias manos, usaban el suelo como lecho, sus techos no resplandecían, incluso ni el oro ni las piedras preciosas relumbraban en sus templos! Sin embargo, en aquel momento los juramentos hechos ante dioses de arcilla se respetaban, y el que los había hecho regresaba a morir al campo del enemigo, por no faltar a su fe. ¡Evidentemente, nuestro dictador vivía menos dichoso, porque prestaba oídos a los mensajeros de los samnitas, condimentando por sí mismo un alimento grosero en el hogar, con aquella mano que en más de una ocasión ya había vencido al enemigo y puesto encima de las rodillas de Júpiter Capitolino el laurel de la victoria; menos feliz que vivió en nuestros días aquel Apicio que puso escuela de glotonería, en una ciudad de donde, en otra época, se expulsaba a los filósofos como corruptores de los jóvenes, infestando con doctrinas vergonzosas su siglo! Sin embargo, es conveniente referir su final: habiendo derrochado en comidas la enorme renta del Capitolio y los obsequios de los príncipes, y gastado un millón de sestercios en la cocina, se vio obligado, agobiado por las deudas, a examinar sus cuentas, y lo hizo por primera vez: calculó que solo la quedaban diez millones de sestercios, y pensando que vivir con diez millones de sestercios era vivir en la pobreza extrema, ingirió veneno para ponerle fin a su vida. ¡Pero cuánto desorden el de aquel hombre para quien la miseria eran diez millones de sestercios! Ahora considera si lo que importa para nuestra felicidad es el estado de nuestro caudal y no el de nuestra alma.

Se encontró a alguien que tuvo miedo a diez millones de sestercios; y lo que otras personas piden con toda la fuerza de sus corazones, él lo evitó a través del veneno: sin duda, esa poción fue la más saludable que tomó aquel hombre que tenía el alma tan corrompida. El veneno lo bebía y lo comía cuando no únicamente disfrutaba en sus grandes banquetes, sino que se glorificaba de ellos, y mientras más hacía ostentación de sus desenfrenos, más invitaba a una juventud inclinada naturalmente al vicio a imitarle sin necesitar malos ejemplos, más atraía toda la ciudad a la contemplación de su disipación. Así, esto ocurre a aquellos que no ordenan las riquezas por la razón, que poseen límites fijos, sino por costumbre malévola, cuyos caprichos son infinitos e inmensos. Para la avidez nada es suficiente, y a la naturaleza le basta muy poco. Entonces, la pobreza en el destierro no es desgracia, debido a que no hay lugar tan estéril que no produzca en abundancia lo que el desterrado necesita para subsistir. Sin embargo, ¿deseará una casa, un vestido? Si solo los desea para utilizarlos, seguramente no le va a faltar traje, techo ni cama; porque para cubrirle se necesita tan poco como para darle de comer. Cuando le impuso necesidades al hombre, la naturaleza no se las impuso costosas. Si desea un traje tejido con oro, teñido de púrpura, trabajado de distintas formas, esmaltado con diversos colores, al que debe culpar de su pobreza no es a la suerte, sino a sí mismo. Nada ganarías, aunque le devuelvas lo que has perdido, porque luego de esta restitución, más le faltará todavía lo que desea, que le faltó en el exilio lo que tenía. Si desea vajilla de plata realzada con el sello de un artista antiguo, resplandecientes vasos de oro; esos platos de bronce, considerados hermosos y magníficos por el capricho de algunas personas; pedrerías de todas las naciones, un buen número de esclavos capaz de hacer angosto el palacio más inmenso, bestias de carga dispuestas con gordura simulada; inútilmente vas a reunir todo esto para él porque no logrará satisfacer su alma insatisfecha. De igual forma, ninguna bebida será suficiente para calmar un deseo que nace de un fuego que abrasa las entrañas y no de una necesidad; debido a que ya es enfermedad, no sed. Esto no sucede únicamente con los alimentos y el dinero: todos los deseos que proceden del vicio, y no de la naturaleza, tienen el mismo carácter; por mucho pasto que les des, solo le darás un aliciente más, y no podrás darle fin a la ambición. La miseria se desconoce cuando nos contenemos en los límites de la naturaleza; la pobreza nos sigue hasta en la cumbre de la riqueza al traspasarse dichos límites. Los imperios mismos no serían suficiente para lo superfluo, y el mismo exilio es suficiente para lo que necesitamos. La que hace la riqueza es el alma: ella es la que va detrás del hombre al destierro y la que, en los más áridos desiertos, disfruta y abunda en sus bienes, mientras halla con qué sostener el cuerpo. Al alma no le importa en nada la riqueza, del mismo modo que a los dioses inmortales, excesivamente esclavos de su cuerpo y cosas que admiran espíritus oscurecidos. Son productos de la tierra esas piedras, esa plata, ese oro, esas mesas de amplios contornos y pulimentadas, a los que no se puede adherir un alma pura y que tiene su origen muy presente: libre y ligera de todo cuidado, y dispuesta a remontar a las moradas sublimes, al tiempo que espera este instante, recorre el firmamento con las alas veloces del pensamiento, a pesar del peso de sus miembros y de la ruda envoltura que la rodea. De esta forma es que jamás esta alma libre, formada de la divina esencia que abraza las edades y los mundos, puede condenarse al destierro. Así, su pensamiento transita todo el cielo, el tiempo pasado y el futuro. Cárcel y lazo del alma, este cuerpo camina agitado de aquí para allá: está sometido a enfermedades, sufrimientos y latrocinios, sin embargo, el alma es eterna, es sagrada, y es imposible que ninguna persona ponga la mano en ella. Y no pienses que acudo únicamente a los preceptos de los hombres sabios con el fin de alejar las preocupaciones de la pobreza, difícil e ingrata tan solo para los que la imaginan. En primer lugar, considera cuánto más numerosas son esas personas pobres que en nada vas a ver más intranquilas ni más tristes que las ricas; y, lo que, es más, no sé si se están tanto más contentas, cuanto menos cargado está su ánimo de cuidados. Sin embargo, vamos a dejar a un lado a los pobres: hablemos de los ricos. ¡En cuántas ocasiones en su vida se asemejan a los pobres! Deben reducir su saco en los viajes, y tienen que despedir su numerosa comitiva cuando se ven obligados a caminar rápidamente. ¿Qué tienen de todos sus bienes, prohibiendo la disciplina militar todo lujo cuando están en guerra? Y no únicamente la esterilidad de los parajes o la condición de los tiempos le ponen al nivel de los pobres; ellos mismos tienen algunos días en que, aburridos de sus riquezas, comen en platos de barro, prescindiendo de la vajilla de plata o de oro, y cenan en el suelo. ¡Dementes! Temen para siempre lo que desean por algunos días. ¡Qué ignorancia de la verdad! ¡Escapan de lo que imitan por placer! Pero ¡qué ceguera! Yo, por mi parte, siento vergüenza de buscar consuelos contra la pobreza cuando recuerdo los antiguos ejemplos; porque en nuestro tiempo se ha exagerado el exceso del lujo de tal forma, que actualmente es más pesado el equipaje de un exiliado que antes el patrimonio de una persona famosa o rica. Homero solo tuvo un criado; Platón, tres; Zenón, de quien proviene la fuerte y estricta sabiduría de los estoicos, ninguno; y, no obstante, ¿qué persona podrá tener la osadía de afirmar que vivieron de una manera miserable, sin hacerse considerar ella misma como la miserable más grande? Aquel hombre que actuó como mediador de la paz entre el pueblo y el Senado, Agripa Menenio, fue enterrado gracias a los gastos que hizo el público; mientras luchaba contra los cartagineses en África, Atilio Régulo escribía al Senado que su esclavo había escapado dejando sus tierras abandonadas; y, en ausencia de Régulo, el Senado hizo que las cultivaran a sus expensas. Entonces, tuvo por colono al pueblo romano gracias a la pérdida de un esclavo. Escipión no les dejó nada en herencia a sus hijas, así que ellas recibieron su dote del tesoro público. Era justo, sin duda, que el pueblo romano pagase una vez tributo a Escipión, cuando recibía el tributo de Cartago cada año. ¡Felices los maridos de aquellas hijas a quienes el pueblo de Roma sirvió de suegro! ¿Consideras más dichosos a los que casan a sus mímicos con un millón de sestercios que, a Escipión, cuyas hijas recibieron una pesada moneda de cobre en dote del Senado, su tutor?

¿Alguien despreciará la pobreza que tiene unos ejemplos tan ilustres? ¿Se va a indignar porque le falte en el exilio, cuando falta a Menenio dinero para sus funerales, a Régulo un mercenario y a Escipión la dote? Estos abogados hacen amar la pobreza, no solo respetarla.

Me podrán responder: «Es un procedimiento engañoso el de separar adversidades que se pueden soportar cuando llegan solas, pero no cuando están agrupadas. Si efectivamente solo se cambia de lugar, el cambio de lugar se puede tolerar: la pobreza puede ser tolerada si no viene acompañada de la vergüenza, que es la que puede lograr derrumbar el ánimo». Voy a responder con estas palabras si se pretende espantarme con la gran cantidad de males: Si posees suficiente fuerza en ti mismo para rechazar un ataque de la suerte, también la debes tener para no aceptar ninguno; después que la virtud ha endurecido el ánimo, hace que sea invulnerable por todas partes. No va a tardar en abandonarle la ambición si se libró de la avaricia, el azote más perjudicial del ser humano. Si el último día solo lo consideras como una ley de la naturaleza y no como castigo, cuando hayas arrojado de tu corazón el miedo a la muerte, no permitirá la entrada a ningún espanto. Si piensas que al hombre se le han dado los placeres sensuales para la reproducción y perpetuidad de la especie, y no para el deleite, el que no se esté manchado con este mal que penetra en nuestras entrañas de una manera tan profunda va a ver deslizarse delante de él todas las otras pasiones sin lograr alcanzarlo. De esta manera, la razón no rechaza cada vicio de forma separada, sino todos al mismo tiempo, derrotándolos con un solo esfuerzo. ¿Piensas que el sabio puede ser sensible a la vergüenza, cuando se separa de las opiniones del vulgo encerrándolo todo en sí mismo? Más todavía que la vergüenza es la muerte deshonrosa. Y, no obstante, considera a Sócrates, con aquella cara serena que en otra época contuvo la insolencia de más de treinta tiranos, entra en su calabozo, al que también debía purgar de deshonra, porque allí donde se encontraba Sócrates, no podía haber prisión. Aquel que tiene los ojos cerrados para contemplar la verdad, ¿por qué cree que es deshonroso para Catón haber sido rechazado en dos ocasiones, cuando pedía en una el consulado y en otra la pretura? La deshonra fue para la pretura y el consulado, a los que Catón hubiese honrado. Solo el que se desprecia a sí mismo es despreciado por los otros. El único que puede recibir esta afrenta es el ánimo rastrero y vil; sin embargo, a aquel que se hace superior a los más grandes reveses de la suerte, al que somete las adversidades que derrumban al resto de la gente, las mismas miserias le protegen como cintas sagradas: y ya que somos de esa manera, nada debemos admirar tanto como un hombre desdichado con valentía. Llevaban a Arístides al suplicio en Atenas: todos los que lo encontraban bajaban la mirada y sollozaban como si se llevase a morir a la misma justicia y no a un hombre justo. No obstante, hubo uno que le escupió en la cara: Arístides se podía indignar, porque estaba seguro de que ninguna boca pura se hubiese atrevido a eso; sin embargo, se enjugó el rostro, y dijo con una sonrisa al magistrado que iba con él: «Hazle la advertencia a ese de que a partir de ahora no escupa con tanta desidia». Esto era ofender a la misma ofensa. Estoy muy seguro de que algunos consideran el desprecio como lo peor de todo, pareciéndoles que la muerte es preferible. Les diré a estos que el mismo exilio está exento de todo desprecio con frecuencia. Si cae el hombre grande, caído es también grande, y no le debes considerar más despreciado que esas ruinas de templos sagrados que son pisadas, pero que la gente religiosa venera como si todavía permaneciesen en pie e intactas.

De esta manera, entonces, querida madre, como en lo que a mí respecta no hay nada que te deba hacer derramar lágrimas eternas, resulta que solo te hacen llorar tus propios sentimientos. Estos se pueden reducir a dos: porque te entristeces, bien porque piensas que has perdido un apoyo o porque no puedes aguantar el sufrimiento de su ausencia. Con respecto a lo primero, he de decir muy poco: yo sé cómo es tu corazón, lo conozco, y sé que únicamente amas a los tuyos por ellos mismos. Esas madres que con su impotencia femenina ejercen el poder de los hijos, apártense; que, debido a que su género las excluye de la vida de los hombres, son ambiciosas a través de ellos, derrochan y absorben su patrimonio y agotan su elocuencia en favor de los otros. Tú te has alegrado de la fortuna de tus hijos de una forma muy profunda, utilizándola de una manera frugal: siempre impusiste límites a nuestra libertad, al tiempo que no los ponías a la tuya: tú, todavía en patria potestad, incrementabas el patrimonio de tus hijos, que ya eran ricos; tú te has mostrado tan activa en la administración de nuestro caudal como si te hubiese pertenecido a ti, muy cuidadosa como si hubiese sido de otros; solo recibiste regocijo y gasto de todos nuestros honores; nunca tu cariño pensó en el interés. Entonces no puedes, estando tu hijo ausente, desear lo que jamás consideraste tuyo en su presencia.

La totalidad de mis consuelos se debe dirigir hacia ese lado de donde brota el dolor materno con toda su fuerza: «No disfruto de la presencia de mi amado hijo, tampoco de su palabra; estoy privada de sus abrazos: ¿dónde se encuentra aquel cuya cara disipaba la tristeza de la mía, en el que depositaba todos mis sufrimientos? ¿Dónde aquellas conversaciones de las que nunca me saciaba? ¿Dónde esos estudios en los que participaba con más familiaridad que una madre, con más gusto que una mujer? ¿Dónde aquella alegría infantil al ver a la madre y aquellos encuentros?». Todavía te representas los lugares de nuestras expansiones y regocijos, y siempre recuerdas las impresiones de nuestra conversación más reciente, tan adrede para oprimir tu alma. Porque el destino aún te reservaba este cruel desconsuelo: el de hacer que volvieras en calma, y sin ni siquiera sospechar tu infortunio, tres días antes de que descargara el golpe. Nos había separado a tiempo la distancia, a tiempo la ausencia de tantos años te había preparado para esta desgracia; volviste, no con la finalidad de hallar alegría junto a tu hijo, sino para no perder la costumbre de los sufrimientos. Habrías sufrido menos si te hubieses ido mucho tiempo antes, el sentimiento se habría suavizado por la misma distancia; habrías tenido al menos como último consuelo, si no hubieses partido, el placer de ver a tu hijo durante dos días más. Gracias a la crueldad del destino, no has estado presente hoy en mi desgracia y tampoco te has podido acostumbrar a mi ausencia. Sin embargo, cuanto más aterradora es esta desgracia, te es más indispensable recoger toda tu valentía, mayor valor requieres para luchar, encontrándote al frente de un enemigo conocido y derrotado con frecuencia. Del cuerpo intacto no brota tu sangre: te han herido en tus mismas cicatrices.

Tú no necesitas buscar pretexto en tu condición de mujer, a la que se le permiten derramar las lágrimas por derecho, no ilimitado, aunque bastante extenso, indudablemente. De esta manera es que nuestros mayores otorgaron diez meses para llorar al marido, para transigir con la obstinación de los desconsuelos de las mujeres por decreto solemne: limitaron el luto, aunque no lo prohibieron. Ya que es un cariño loco dejarse abatir por un sufrimiento infinito cuando se pierde un ser querido; y es una dureza inhumana no sentir ninguno. Experimentar el sufrimiento y dominarlo es el mejor equilibrio entre la razón y el cariño. No debes tomar ejemplo de algunas mujeres, cuya aflicción, una vez que nace, no finaliza hasta que llega la muerte; has conocido algunas que, luego de perder a sus hijos, ya no dejaron nunca el luto. Sin embargo, exige más de ti una vida que se ha distinguido con tanto valor desde el comienzo. Aquella que estuvo exenta de todos los defectos femeninos no puede usar los pretextos de mujer. Ese vicio que predomina en nuestro siglo, la impureza, no te confundió con la multitud de las mujeres; las piedras preciosas y las perlas no te sedujeron; las riquezas no brillaron ante tus ojos como los bienes más hermosos y preciados de los seres humanos: educada con mucho esmero y cuidado en una casa antigua y rígida, en ti no pudo tener ninguna influencia el ejemplo de las personas ruines, que tanto peligro representa hasta para la virtud. Nunca tu fecundidad te avergonzó como si fuese inconveniente a tus años; jamás, como las otras mujeres que el único mérito que buscan es el de la belleza, disimulaste el abultamiento de tu vientre como una carga vergonzosa; tú abrigaste en tu seno las esperanzas ya concebidas de tu porvenir. Jamás manchaste tu rostro con maquillajes de prostitutas; nunca te gustaron esos vestidos hechos de una forma que dejan todo a la vista. Tu único adorno fue la castidad, el más bello de todos, aquel que no puede ser deteriorado por el tiempo. Entonces, no puedes disculpar tu sufrimiento con tu condición de mujer: es que tus virtudes te han elevado mucho más, e igual te debes apartar de los vicios que de las debilidades de tu género. Ni las mismas mujeres te van a permitir que te consumas sobre tu herida, sino que te van a mandar a alzar la cabeza apenas hayas satisfecho al primer impulso de sufrimiento legítimo, aunque solo sea para admirar a aquellas mujeres a quienes su eminente virtud puso entre los hombres grandes e ilustres. Cornelia tuvo doce hijos; el destino los redujo a solo dos. Si deseas enumerar los muertos, Cornelia perdió diez; si deseas estimarlos, fueron los gracos. Y, no obstante, cuando los que lloraban a su alrededor maldecían su fortuna, les prohibió acusar al destino, que le dio a los gracos por hijos. El que dijo en plena asamblea: «¿Te atreves a maldecir a la que me dio el ser, a mi madre?» mereció nacer de aquella mujer. Sin embargo, me parecen más animosas las palabras de la madre. Los hijos le daban un valor muy alto al nacimiento de los gracos: la madre a su fallecimiento. Rutilia fue tras su hijo Cotta al exilio; su amor era un lazo tan poderoso que, antes de sufrir la separación, prefirió soportar el destierro, y solo quiso regresar a su patria con su hijo. Luego de su regreso, llegando a ser uno de los ornamentos de la república, le perdió con tanta valentía como había ido tras él; y nadie la vio llorar luego de los funerales de su hijo. Mostró valor en el entierro y prudencia en la muerte, porque no hubo nada que la separara de su piedad; nada hizo que persistiera en inútil o loca tristeza. Deseo verte puesta en el número de estas mujeres; y ya que siempre viviste igual que ellas, harás muy bien en seguir su ejemplo con el fin de comprimir y moderar tu tristeza. Sé muy bien que esto no se encuentra en nuestro poder, que ningún sentimiento permite que se le domine, y en especial el que nace del sufrimiento, debido a que este es rebelde y enérgico a cualquier remedio. Queremos ahogar y contener nuestros suspiros algunas veces, sin embargo, se ve correr el llanto por nuestra cara compuesta y fingida. En algunas ocasiones ocupamos nuestro ánimo en los combates y juegos del circo, pero se siente abatido por una tristeza oculta en medio de estos mismos espectáculos que le deberían distraer. Es mejor, pues, derrotar el sufrimiento que engañarlo; porque despierta muy pronto, rechazado por las ocupaciones, distraído por los placeres, luego de acumular en el reposo fuerzas para desencadenarse; sin embargo, el que obedece a la razón se asegura una tranquilidad perenne. No te voy a indicar los medios que han utilizado muchos, como, por ejemplo, buscar distracción en los atractivos de un viaje o el alejamiento en su duración; usar un tiempo excesivo en el análisis de cuentas y administración de tu patrimonio; en fin, que te ocupes incesantemente en nuevos asuntos: todas estas cosas únicamente son útiles por momentos muy breves, no siendo soluciones, sino aplazamientos al sufrimiento. Prefiero, por mi parte, poner fin a la tristeza que ocultarla con engaños. He aquí por qué razón te llevo hacia los estudios liberales, que son el refugio de todos aquellos que huyen del destino: estos estudios van a curar tu herida, te van a librar de toda aflicción. Hoy habrías de recurrir a esta costumbre, a pesar de que jamás la hubieses tenido; sin embargo, tú, apenas lo permitió la antigua dureza de mi padre, si no llegaste a tener, por lo menos lograste absorber los conocimientos nobles. ¡Ojalá que, menos adherido a las costumbres de los viejos, mi padre, hombre de tantas virtudes, te hubiese permitido profundizar en las doctrinas de los sabios, más bien que hacerlo de manera superficial! Ahora podrías utilizar todas tus armas y no tendrías que buscar auxilios contra el destino. Mi padre alentó tan poco tu afición a los estudios a causa de esas mujeres para quienes las letras solo representan instrumentos de corrupción y no de sabiduría; no obstante, gracias a un temperamento fuerte, lograste más de lo que te parecían permitir las circunstancias, poniendo las semillas de todas las ciencias en tu alma. Ahora vuelve a ellas, y te van a dar alegría, seguridad y consuelo: si realmente han penetrado en tu alma, en ella nunca tendrá cabida la inquietud, el sufrimiento y el inútil tormento de vana tristeza; tu pecho no se abrirá a nada de esto, debido a que está cerrado a todos los vicios desde mucho antes. Tienes aquí guardianes muy seguros, los únicos que te pueden poner al abrigo del destino; sin embargo, como necesitas apoyos en los que descansar, antes de llegar al puerto que los estudios te prometen, te quiero mostrar mientras tanto los consuelos que son propios para ti. Observa a mis hermanos: no tienes derecho para culpar a la fortuna, mientras se encuentren seguros; encontrarás encanto en uno y en otro por sus distintas virtudes: el uno ha logrado los honores por sus conocimientos, y el otro los ha despreciado, por su sabiduría. Disfruta de la paz del uno, de la grandeza del otro y del cariño de los dos. Yo conozco a la perfección los afectos íntimos de mis hermanos: uno ha ambicionado las dignidades con el fin de honrarte; el otro, para dedicarse por completo a ti, se ha recogido en vida de reposo y tranquila. El destino ha dispuesto de manera admirable tus hijos con el fin de proporcionarte deleite y apoyo; puedes descansar en el favor del uno y disfrutar de los pasatiempos del otro. Los dos van a rivalizar en amor hacia ti, y el cariño de dos hijos va a compensar la pérdida de uno. Lo puedo asegurar con valentía: el número es lo único que te va a faltar. Fija de inmediato los ojos en tus nietos: contempla a Marco, ese niño tan amable cuya apariencia no puede resistir ninguna aflicción; en el pecho no hay una herida tan reciente ni tan profunda que sus caricias no logren dulcificar. ¿Qué corazón contraído por la zozobra no se ensancharía con todas sus gracias? ¿Sobre qué frente no traerían alegría sus juegos? ¿Qué tercos pensamientos no se esfumarían al oír su encantadora charla que no puede aburrir? ¿Qué lágrimas no te podría secar su alegría? Suplico a los dioses que le concedan que nos sobreviva. ¡Que se agote la crueldad del destino y acabe en mí! ¡Qué todos los sufrimientos de la madre caigan sobre mí, y todos los de la abuela sean para mí también! Qué todos los otros integrantes de la familia sean dichosos, cada cual en su condición, y no me lamentaré de mi suerte ni de mi soledad. Que yo sea la única víctima expiatoria de la casa que ya no tendrá que sollozar. Abraza y estrecha a Novatila fuertemente contra tu seno, que te debe dar bisnietos muy pronto: de tal forma me la había apropiado, la había unido a mí de una manera tan íntima, que luego de haberme perdido puede muy bien pasar por huérfana, a pesar de que le queda un padre: quiérela también por mí. Hace muy poco tiempo que el destino le arrebató su madre; tu amor puede hacer al menos que no lamente esta pérdida, aunque no se consuele. Mientras tanto vigila sus costumbres, mientras tanto también su belleza: las normas se graban de una manera más profunda cuando se imprimen a temprana edad. Que sea conforme a tu modelo, que se alimente con tu enseñanza: mucho le vas a dar, aunque únicamente le des el ejemplo. Este deber sagrado va a servir de medicina para tus males; porque únicamente una ocupación honesta o la razón pueden lograr arrancar del ánimo los tormentos del sufrimiento piadoso. También contaría a tu padre entre tus grandes consuelos si no se encontrase ausente; sin embargo, considera ahora qué es lo más importante, de acuerdo con tu afecto, y entenderás cuánto más justo es sacrificarte para mí que conservarte para él. Piensa en tu padre siempre que el sufrimiento se apodere de ti en sus violentos accesos, queriendo dominarte: indudablemente que has dejado de ser su hija única, al darle nietos y bisnietos; sin embargo, te pertenece a ti sola conceder el último galardón a esa vida llevada de una manera tan dichosa. Es un crimen lamentarte de vivir tú, mientras él viva.

He callado hasta este momento tu más grande consuelo: tu hermana, esa alma tan maternal para todos nosotros, ese pecho tan fiel en el que depositas todos tus sufrimientos igual que en el tuyo. Has confundido tus lágrimas con ella, has recuperado la vida sobre su corazón. Siempre se inspiró en tus afectos, sin embargo, no se aflige solamente por ti cuando se trata de mí. Fui a Roma en sus brazos, convalecí de una enfermedad muy larga en su seno maternal; ella fue la que puso su favor en juego con el objetivo de conseguirme la cuestura; y la que no podía mantener una conversación o un saludo en voz alta sin timidez, venció su modestia por su amor hacia mí. Ni su cortedad, que se podría llamar campesina si se toma en cuenta la arrogancia de muchas mujeres, ni su vida retirada ni su calma ni la quietud de sus costumbres solitarias y apacibles le frenaron para mostrarse hasta ambiciosa por mí. Querida madre, he ahí el consuelo que te puede confortar: únete todo lo que te sea posible a esa hermana y retenla en un abrazo estrecho. Habitualmente, las personas entristecidas escapan de lo que más aman con la finalidad de que nada perturbe su sufrimiento: tú debes refugiarte, con todos tus pensamientos, en ella: ya desees mantener el luto de tu alma, ya te quieras despojar de él, hallarás en ella fin o compañía para sufrimiento. Sin embargo, si conozco bien la prudencia de esa maravillosa mujer, no permitirá que te consumas en una tristeza inútil y te va a citar su propio ejemplo, del que fui testigo. Perdió, en medio de una navegación peligrosa, a su amado marido, nuestro tío, al que se unió siendo virgen; no obstante, logró soportar al mismo tiempo el miedo y el sufrimiento, y saliendo victoriosa de la tormenta, náufraga valiente, pudo salvar su cuerpo. ¡Oh, cuántas hermosas acciones se pierden en la oscuridad por ser realizadas por mujeres! Si hubiese vivido en esas épocas antiguas en las que las virtudes eran admiradas por la sencillez, ¡cuántos ingenios se hubiesen peleado la gloria de celebrar una esposa que, dejando a un lado su propia debilidad, no teniéndole miedo al mar, tan aterrador hasta para los más valerosos, por una sepultura entrega su cabeza a los peligros, y no piensa en sus funerales porque está totalmente ocupada en los de su marido! Muchos poetas han alabado en sus versos a la mujer que se ofreció a la muerte en lugar de su marido; no obstante, en buscar la sepultura con riesgo de la vida existe un mérito mayor: el cariño es más grande cuando consigue menos con el mismo peligro. Que ninguna persona se asombre en este momento porque durante los dieciséis años que gobernó su marido el Egipto, nunca se presentara en público, nunca recibiera a nadie de la provincia en su casa, nunca aceptara que le pidiesen nada a ella misma ni tampoco solicitara absolutamente nada de su esposo. De esa manera, esa provincia ingeniosa y locuaz para injuriar a sus prefectos, en la que esos mismos que evitaron las faltas no pudieron huir de la calumnia, le celebra como modelo único de todo lo perfecto; y, lo que era todavía más difícil para hombres que se complacen en las ironías, hasta con riesgo de la propia vida, reprimieran la incontinencia de su lengua, y actualmente, a pesar de que no se atreven a esperarlo, quieran alguno que sea similar. Es mucho haber obtenido la aprobación de aquella provincia durante dieciséis años; sin embargo, es mucho más que la hayan ignorado. Estos detalles no los refiero con la finalidad de elogiar todos sus méritos, porque mencionarlos de una forma tan ligera sería disminuirlos, sino para hacer que consigas apreciar la grandeza de alma de una mujer a la que ni la avaricia ni la ambición, azote y compañeras de todo poder, lograron someter; de una mujer a la que el miedo a morir, cuando estaba esperando el naufragio en su indefensa embarcación, no le impidió abrazarse al cuerpo sin vida de su marido y cuidar de cómo lo llevaría al sepulcro, y no de cómo le iba a salvar. Es necesario que muestres la misma valentía, despojes de tu ánimo al sufrimiento y actúes de manera que ninguna persona suponga que estás arrepentida de ser madre.

No obstante, como pese a lo que hagas, tu pensamiento siempre se va a dirigir hacia mí y ninguno de tus hijos se presenta tan frecuentemente en tu mente, no porque les quieras menos, sino porque es lógico y natural llevar la mano a la parte que duele en más ocasiones, te muestro aquí cómo debes pensar de mí: estoy contento y feliz como en los mejores días; nuestros mejores días son esos en que, libre de todo cuidado, el ánimo inicia los trabajos con mucha comodidad y, durante, halla placer en los estudios no tan profundos; mientras tanto, se eleva ansioso de verdad con el fin de contemplar la naturaleza del universo y la suya propia. Examina, en primer lugar, las tierras y su posición; de inmediato, las leyes del mar que está alrededor, lo alterno de sus flujos y reflujos; y luego observa el intervalo que media entre la tierra y el cielo, lleno de asombros, y ese espacio en el que, con estruendo, estallan el soplo de los vientos, los rayos, los truenos y las nubes que lanzan el granizo y la nieve: luego de pasear por las regiones inferiores, se eleva a las superiores, disfruta del majestuoso espectáculo de todas las cosas divinas, y camina en medio de lo que fue y de lo que va a ser durante todos los siglos, al tiempo que recuerda su eternidad.

Consolación a Polibio

Comparados con otros, nuestros cuerpos son bellos y vigorosos; sin embargo, si los reduces a la naturaleza, que vuelve todas las cosas al estado del que las produjo después de destruirlas, son efímeros, puesto que las manos mortales ¿qué cosa podrían hacer que no sea mortal? Esos siete milagros (y si acaso la ambición de las épocas futuras levantara otros más sorprendentes) se van a ver arrasados por tierra algún día. De modo que no existe cosa eterna, y pocas que duren mucho tiempo. Unas son frágiles de una manera, y otras por otra; todo lo que tuvo principio ha de tener un final, aunque los fines son variados. Algunos amenazan con muerte al mundo, y (si es permitido creerlo) llegará algún día que disipe este universo, que entiende todas las cosas de los seres humanos, sepultándolas en tinieblas y en su antigua confusión. Entonces, salgan las almas de cada uno y alguno a llorar estas cosas. También laméntese de las cenizas de Corinto, Cartago y Numancia, y si hubo alguna otra cosa que cayese de una altura mayor, pues ha de caer incluso lo que no tiene donde hacerlo. Salga igualmente otro, y quéjese de que el destino (que quizás se ha de atrever a empresas inconfesables) nunca le perdonó a él.

Pero ¿cuánto más justo fue aquel que, dándole noticias del fallecimiento de su hijo, pronunció un veredicto digno de un gran hombre? «Supe que iba a morir desde el mismo instante que lo engendré». Realmente no te vas a asombrar de que de este naciera el que había de tener la valentía para fallecer con tanta fortaleza. Él no recibió la muerte de su hijo como una nueva misión; porque ¿qué tiene de nuevo que muera el hombre, cuya vida no es otra cosa distinta que una travesía hacia la muerte? «Supe que iba a morir desde el mismo instante que lo engendré». Luego de esto agregó una cosa de mayor sensatez y ánimo, cuando dijo: «Lo crie para esto». Todos los seres humanos nacemos para esto, y está destinado a la muerte cualquiera que llega a la vida. Por lo tanto, contentémonos todos con lo que nos entrega, y volvámoslo cuando nos lo solicitan. El destino va a entender a unos en una época y a otros en otra, sin embargo, no dejará libre a nadie. Entonces, esté prevenido el ánimo y no sienta miedo, antes espere lo que es obligatorio. ¿Con qué finalidad te voy a referir la vida de muchos capitanes y toda su generación, y otros hombres ilustres por sus muchas victorias y consulados que han terminado sus días con un destino inexorable? Pasaron su destino reinos enteros con sus reyes, y pueblos con sus ciudadanos. Todas las cosas y todas las personas esperan el último día, a pesar de que el final no es igual para todas. A uno la vida lo desampara en el medio curso, a otro en el inicio, en la propia entrada; a otro, agotado en extrema esclavitud y deseoso de abandonarla, apenas le deja. Todos caminamos hacia un lugar, aunque unos vamos en un tiempo y otros en otro. Yo no sabré decirte si es una estupidez más grande ignorar la ley de la mortalidad o una desvergüenza mayor desecharla. Ahora ven acá, transforma en tus manos esas obras elogiadas con mucho trabajo de tu creatividad e inteligencia; estoy diciendo los versos de los dos autores que tradujiste de tal forma que les ha quedado su gracia, a pesar de que no les quedó su composición; porque los pasaste de tal modo de un idioma a otro, que (siendo algo de mucha dificultad) todas las virtudes te siguieron en la ajena. En todos aquellos escritos no encontrarás ningún libro que deje de darte muchos y distintos ejemplos de la variedad humana y de los sucesos inciertos y lágrimas inútiles que se derraman, ya sea por este motivo o por aquel. Por tanto, lee lo que entonaste con espíritu gallardo en cosas muy grandes, y vas a sentir vergüenza de que con mucha brevedad se haya de terminar y caer de una altura de estilo tan grande. No hagas de manera que los que poco se asombraban de lo que escribías pregunten: ¿Cómo es posible que unas cosas tan grandes y tan sólidas hayan sido concebidas por un temperamento tan débil? Entonces, pasa la vista de todas estas cosas que te inquietan a las muchas que te reconfortan; pon la mirada en tus buenos hermanos, ponla en tu hijo y en tu esposa. La fortuna convino contigo, por la salud de todos ellos, con esta fracción: te quedan muchos con los que tranquilizarte.

Libérate de esta nota, porque todos no entienden que tiene una fuerza mayor en ti un sufrimiento que tantos consuelos. Ya te das cuenta de que todos estos están heridos igual que tú, y que no se pueden calmar, y que esperan que tú los consueles antes; y de esa manera, cuanto menos de ingenio y de doctrina hay en ellos, es tanto más necesario que tú resistas al mal común. Dividir el sufrimiento entre muchos es parte del consuelo, puesto que con esto la parte que se quede en ti será más pequeña. No voy a dejar de traerte muchas veces a la mente el recuerdo de César, porque siendo gobernante del mundo y demostrando cuán más se guarda el Imperio de manera segura con beneficios que usando las armas, y presidiendo él a las cosas de los hombres, no existe ningún riesgo de que sientas haber tenido alguna pérdida. Este únicamente es para ti un consuelo y amparo suficientes. Así que esfuérzate, y pon tus ojos en César todas las veces que las lágrimas se asomen en ellos; se enjugarán con la vista de aquella majestad tan nítida y grande. Su brillo los atraerá tanto que no podrán mirar a otra cosa, y hará que permanezcan fijos en él. En este, en quien tú pones la mirada de noche y de día, y jamás alejas de tu ánimo, debes poner el pensamiento, llamándole contra el destino; y no tengo ninguna duda, porque conozco su generosidad y docilidad para con todas las personas más cercanas, que con muchos consuelos ya habrá sanado esta tu herida, y que te habrá dado alguno que le haya puesto freno a tu sufrimiento. Pero ¿cómo no ha de haberlo hecho? ¿Quizás el mismo César, solo mirado o imaginado, no te es suficiente para un consuelo grande? Por muchos días, los dioses y las diosas lo prestan a la Tierra. Exceda los años y los hechos del divino Augusto; sin embargo, hagan de manera que el tiempo que fuere mortal no vea cosa mortal en su casa, y que apruebe a su hijo, con larga fe, para gobernador del Imperio de Roma, teniéndole antes que por sucesor, por compañero. Que sea en tiempo de nuestros nietos, bastante tardío, el día en que su gente le aclame en el firmamento.

Oh, destino, aparta tus manos de este hombre, y en él no muestres tu fuerza, sino es por la parte que le ha de ser beneficiosa. Deja que él le ponga remedio a los seres humanos, que están enfermos y fatigados desde hace bastante tiempo. Permite que este subsane todo lo que descompuso la locura de su predecesor. Brille siempre esta estrella, que salió a dar luz al mundo cuando estaba anegado en las tinieblas y despeñado en el más profundo abismo. Que este logre pacificar a Germania, que abra el paso de Bretaña, y lleve juntas las victorias de su padre y las suyas. Su compasión (que ocupa el primer lugar entre sus demás virtudes) promete que yo voy a ser uno de los que los vean, puesto que no me derrumbó de tal modo que no pueda ponerme en pie; debo decir antes que no me derribó, sino que me sostuvo cuando me había empujado la fortuna; y yéndome a despeñar me depuso con suavidad, utilizando él la moderación de una mano divina. También intercedió por mí ante el Senado; y no únicamente me dio la vida, sino que la pidió. Establezca la manera en que quisiera que sea juzgada mi causa, que su justicia la va a aclarar por buena o su compasión hará que lo sea. Voy a reconocer por igual beneficio el enterarse de que soy inocente o el declarar que lo soy. Mientras tanto, es un consuelo enorme de mis trabajos el ver que su compasión anda esparcida por todo el mundo; compasión de la cual, cuando sacare a muchos a quienes derribó la ruina de los tiempos del rincón donde me encuentro encerrado, no dudo de que me deje a mí solo. Él conoce la oportunidad en que debe auxiliar a cada uno, y yo trataré de que no se arrepienta de que su favor llegue a mí. ¡Oh, dicha!, pues tu compasión, César, hace que los expatriados de tu tiempo tengan más tranquilidad de la que tuvieron los príncipes en el imperio de Cayo. No viven con esperanza ni miedo de ver el cuchillo cada hora, ni sienten temor con la llegada de cualquier embarcación. Conciben en ti de esta manera el temperamento de la furiosa fortuna, como la tranquilidad de la presente y la esperanza de su mejoría. Ten por verdad que son muy justos aquellos rayos que son venerados incluso por los heridos.

O yo me estoy engañando, o ese príncipe, que es consolación para todos los seres humanos, habrá recreado tu ánimo, aplicando eficaces medicinas para una herida tan fuerte y profunda, y que te habrá alentado de todas formas, y que con su memoria tan tenaz te habrá hablado de todos los ejemplos con los que recuperas la tranquilidad del ánimo, y que te ha representado los mandatos de todos los sabios con su habitual elocuencia. De modo que ninguno mejor que él podrá tomar a su cargo el convencerte. Tendrán un peso diferente las razones que fueron dichas por él, y como salidas de un oráculo, va a deshacer la fuerza de tu sufrimiento a su divina autoridad. Supongo que te dice: «Es que no eres tú solo a quien el destino ha elegido para hacerle una ofensa tan grande. No ha habido, ni hay, ninguna casa sin algunas lágrimas. Voy a dejar los ejemplos comunes y corrientes, que son admirables, a pesar de ser menores. Te quiero conducir a las memorias e historias públicas. ¿Puedes ver todas estas imágenes que sirven como adornos para el palacio de César? No hay ninguna de ellas que fuese célebre sin alguna incomodidad de sus allegados. No hay ninguno de estos hombres, que haya brillado para realce de los siglos, que dejara de ser afligido con muertes de sus familiares o que su fallecimiento causara tristeza de ánimo a sus seres queridos. ¿Con qué motivo te debo referir a Escipión el Africano, quien se enteró de la muerte de su hermano encontrándose en el exilio? Este, que le liberó de la prisión, no le pudo liberar del destino, siendo evidente para todos cuán impaciente fue el cariño del Africano, ya que, sin sufrir la ley común, el mismo día que arrebató a su hermano de las manos de los alguaciles, se opuso a la autoridad del pueblo, siendo una persona particular. Entonces, este llevó la muerte de su hermano con la misma valentía con que le defendió. ¿Con qué finalidad te debo referir a Emiliano Escipión, que vio el entierro de su hermano y la victoria de su padre casi en un mismo tiempo, y con ser joven, y en edad inocente, sufrió aquella inesperada desgracia de su casa que cayó sobre la victoria de Paulo, llevándola con un ánimo tan grande como era adecuado a un hombre que había nacido para que ni quedara en pie Cartago ni faltase un Escipión a Roma?».

«¿Con qué fin te debo referir la armonía entre los dos Lúculos, que fue rota con la muerte? ¿Para qué los Pompeyos, a quien el enojado destino aún no permitió que terminaran de una misma caída? Sexto Pompeyo vivió, quedando viva su hermana, y después, al morir ella, se desataron los lazos de la paz de Roma, que estaba muy bien unida y fuerte. Igualmente volvió, luego de muerto, su buen hermano, a quien la fortuna había levantado para únicamente derribarle de una altura no menor de la que había tumbado a su padre. Y con todo eso, luego de estos sucesos también resistió a las guerras, y no solamente al sufrimiento. Un sinnúmero de ejemplos nos socorre de todos lados de hermanos a quien la muerte dividió; antes apenas se han podido ver varios pares que hayan alcanzado juntos la vejez. Sin embargo, me quiero conformar con los ejemplos de mi casa, ya que no habrá ninguno tan carente de entendimiento y de sentido que se lamente de que el destino le trajo lágrimas, si reflexionase que tampoco ha librado a César de ellas. Así, el divo Augusto perdió a su queridísima hermana, Octavia, y la naturaleza no le eximió de la necesidad de llorar, y no le privilegió en las lágrimas la que lo crio para el cielo; antes estando entristecido con toda clase de muertes, también perdió el hijo de su hermana que estaba destinado a ser su sucesor. En definitiva, con el fin de no contar todos sus sufrimientos, perdió hijos, nietos y yernos; y ninguno de los seres humanos, mientras vivió entre los mortales, conoció el serlo más que él. A pesar de todo eso, aquel su pecho, muy capaz de todas las cosas, a pesar de que empezó tantas y tan grandes tristezas, no únicamente fue triunfador de las naciones, sino también de los sufrimientos. Cayo César, nieto de mi también abuelo, el divino Augusto, en los primeros años de su juventud, siendo príncipe de los jóvenes, perdió a su muy querido hermano Lucio, que era, igualmente, príncipe de los jóvenes en la prevención de la guerra pártica; siendo para él esta herida del ánimo más grande que la que luego recibió en el cuerpo, habiendo sufrido golpes, uno y otro, con fortaleza y virtud. Mi tío César perdió a Druso Germánico entre los abrazos y besos; a mi padre, su hermano menor, cuando se encontraba abriendo lo más cerrado de

Alemania, sujetando aquellas personas tan feroces al Imperio romano. Sin embargo, no únicamente puso fin a sus lágrimas, sino a las de los demás y a todo el ejército, que no solo estaba triste, sino desconcertado; y cuando solicitaba para sí el cadáver de su Druso, le redujo a que el llanto fuese de acuerdo con la costumbre de Roma, considerando que no era conveniente únicamente mantener la disciplina en lo militar, sino también en el llanto. Si primero no hubiera reprimido sus lágrimas, no pudiera enfrenar las de los otros».

«Mi abuelo Marco Antonio, no inferior a nadie sino a aquel de quien fue derrotado, escuchó noticias sobre el fallecimiento de un hermano en la oportunidad que, adornado con la potestad del triunvirato y sin reconocer nada que fuese superior a él, con excepción de los dos compañeros, teniendo por inferiores a todos los otros, estaba formando la república. (¡Oh, desenfrenado destino, que te deleitas con los males humanos!). En el tiempo que Marco Antonio era árbitro de la muerte o vida de sus ciudadanos, en ese mismo tiempo fue llevado al martirio uno de sus hermanos, y sufrió esa herida tan grave con la misma fortaleza y grandeza de ánimo con que había sufrido otras desgracias, y sus llantos fueron hacer con la sangre de veinte legiones los funerales a su hermano. Sin embargo, callando en mí otros entierros y dejando atrás muchos ejemplos, el destino me ha acometido en dos ocasiones con las muertes de dos hermanos, y en una y otra ha conocido que, a pesar de que me ha podido ofender, no ha logrado derrotarme. Perdí a mi hermano Germánico, a quien amaba como podrá comprender el que sepa cómo se aman a los hermanos buenos. No obstante, de tal manera goberné las emociones que ni dejé de hacer ninguna cosa de las que deben llevar a cabo los buenos hermanos, ni hice alguna que fuese reprochable en un príncipe». Polibio, date cuenta de que el padre de todos es el que estos ejemplos te han referido, y que él mismo te ha demostrado que para el destino no existe ninguna cosa reservada ni sagrada, ya que se atrevió a sacar entierros de la familia de donde debía sacar dioses. De manera que nadie se asombre de lo que le ve hacer cruel e inicuamente. ¿Acaso se podrá esperar que tenga alguna modestia y clemencia con las casas privadas aquella cuya crueldad ensució los lechos imperiales con muertes? Aunque le insultemos más, no únicamente con nuestras lenguas, sino con las de todos, no por esa razón cambia; antes se vuelve más engreída con las quejas y con las súplicas. Justamente esto ha sido la fortuna en todas las cosas de los seres humanos, y esto va a ser siempre. No ha dejado ninguna cosa intacta y no dejará ninguna; siempre será más fuerte y violenta en todas las cosas, atreviéndose, como lo tiene acostumbrado, a entrar con ofensa en esas casas a las que se entra por los templos, vistiendo las puertas laureadas de luto.

Esto únicamente lo alcanzamos de ella con ruegos y votos públicos: que si no está decidida a destruir la especie humana, y si aún mira el nombre romano con ojos favorables, se complazca de tener por sagrado a este príncipe, como le tienen todos los mortales, por ser dado para reparar las cosas humanas, que estaban tan caídas. Aprende la suavidad y la compasión de este príncipe tan piadoso. Entonces, debes poner los ojos en todos esos de los que se ha hablado, que o están próximos a entrar en el cielo o ya se encuentran en él; y con esto podrás sufrir con el ánimo inalterable las ofensas de la fortuna que alarga sus manos hacia ti, ya que nunca las aparta de aquellos por quien prometemos. Siempre debes imitar la firmeza de César en padecer y derrotar los sufrimientos, caminando (en todo cuanto es permitido a los seres humanos) a través de las huellas divinas. A pesar de que hay una enorme diferencia de dignidades en otras cosas, la virtud siempre se encuentra en medio, sin despreciar a ninguno de los que se consideran dignos de ella. Vas a ir muy bien si imitaras a los que, pudiendo enfurecerse de no verse libres de este mal, no tuvieron por agravio, sino por derecho de mortalidad, el ser iguales a las otras personas, y llevaron los sucesos no con excesivo enojo y aspereza, ni tampoco baja ni débilmente. «No es de hombres el no sentir los males, y no es de varones el no sufrirlos». Ya habiendo hablado de todos los Césares a quien el destino arrebató hermanas y hermanos, no puedo pasar callado al que debiera ser objetado del número de los Césares, porque la naturaleza lo crio para el ultraje y exterminio de la raza humana; ese que dejó el Imperio perdido totalmente con el fin de que la clemencia de nuestro tan piadoso príncipe lo reconstruyera. Cuando a Cayo César se le murió su hermana Drusila, debiendo por su fallecimiento tener antes gozo que sufrimiento, escapó de la mirada y trato de todos sus ciudadanos y se marchó a su Albano, antes de participar en los funerales de su hermana ni pagar las obligaciones. ¿Acaso aligeró el sufrimiento de la amarga muerte asistiendo al tribunal, escuchando a los abogados, o con otros negocios de esta clase? ¡Oh, gran afrenta del Imperio, que en el fallecimiento de una hermana el consuelo de ánimo de un príncipe romano hayan sido los dados! Este mismo Cayo anduvo con la loca inconstancia, ya con cabello y barba desarreglados, ya midiendo sin acuerdos las costas de Sicilia e Italia, sin nunca tenerse certeza sobre si deseaba que su hermana fuese venerada o llorada. Puesto que en la misma oportunidad que determinaba construirle altares y templos, castigó con una demostración muy cruel a los que vio que estaban poco afligidos. Puesto que con la misma perturbación de ánimo sufría los golpes de los sucesos desfavorables con que, levantado de los florecientes, se llenaba de soberbia de una manera inhumana. Alejemos de cualquier hombre de Roma este ejemplo de quien o con intempestivos juegos apartó de sí el llanto, o le despertó con la fealdad de trajes sucios y asquerosos, contentándose con humanos consuelos y males ajenos. Tú no tienes que cambiar tu costumbre, ya que siempre decidiste amar aquellos estudios que incrementan la dicha con templanza y disminuyen fácilmente los infortunios. Y junto con ser un adorno grande de los hombres, estos estudios son, además, consuelos muy grandes.

Entonces, enfócate en esta ocasión más profundamente en tus estudios; ahora cércate con ellos, poniéndolos como una defensa del ánimo. Que el sufrimiento no encuentre entrada en ti por ninguna parte. Igualmente, prolonga la memoria de tu hermano en alguna obra que escribas; porque en las cosas humanas únicamente es esta a quien ninguna vejez consume ni ninguna tormenta ofende. Pero no durarán mucho tiempo todas las demás, que consisten o en fábricas de mármol, en labores de piedras o en monumentos de tierra levantados a una gran altura, porque se encuentran sujetas a la muerte. La memoria de la creatividad y la inteligencia no es mortal; entonces, dale esta a tu hermano, poniéndolo en ella; es preferible que con tu inteligencia duradera lo hagas eterno y no que lo llores con un sufrimiento inútil. En cuanto respecta al destino, en este momento no está para que pase su causa ante ti, porque con cualquier cosa que nos arrebata, aborrecemos todo lo que nos dio. Esta causa se tratará cuando el tiempo te hiciere un juez más imparcial de ella, y en ese momento podrás disfrutar de su amistad nuevamente, puesto que tiene prevenidas muchas cosas con que corregir esta ofensa y no pocas con que recompensarla. Y, en definitiva, todo lo que ella te arrebató, ella misma ya te lo había entregado. Entonces, no quieras utilizar tu inteligencia contra ti ni ayudar a tu sufrimiento con ella. Tu elocuencia puede considerar las cosas pequeñas como grandes, y derribar y mitigar las mayores; sin embargo, reserva estas fuerzas para otra oportunidad, y en este momento que todas se utilicen en su consuelo. También atiende a que este sufrimiento no parezca frágil y poco, que a pesar de que la naturaleza quiere que haya alguno, el que se toma por vanidad es más grande. Yo no te voy a pedir que abandones las lágrimas definitivamente, a pesar de que hay algunos hombres, de una sensatez más dura que fuerte, que aseguran que el sabio no debe llorar. Da la impresión de que los que dicen esto no han vivido sucesos similares; que, de otro modo, el destino les hubiera despojado de esta sabiduría arrogante, obligándolos a confesar, contra su gusto, la verdad. La razón no hará poco si le cercenara lo superabundante y sobrante al sufrimiento; porque ni se puede esperar ni desear que no se consienta ninguno completamente. Así, mantengamos tal temperamento que ni mostremos locura ni desamor, conservando un ánimo no lleno de enojo, sino amoroso. Qué las lágrimas corran, pero que la corriente tenga fin. Que broten gemidos de lo más hondo del pecho, pero también que tengan un límite. Domina tu ánimo de tal forma que te aprueben tus hermanos y los hombres sabios. Trata de tener viva con frecuencia la memoria de tu hermano, con el fin de celebrarle en las charlas y para tenerle presente con el recuerdo continuo. Lo vas a conseguir si hicieres que su memoria no te sea dolorosa, sino agradable, ya que es algo muy natural que el ánimo huya de aquello que le provoca aflicción. Entonces, pon el pensamiento en su modestia; ponle en la taza que tenía para todas las cosas; ponle en la tenacidad y trabajo con que las llevaba a cabo y, por último, en la constancia de todo lo que prometía. Celebra sus hechos recordándolos, cuenta a los demás todo lo que decía. Trae a tu memoria lo que él fue y lo que se esperaba que debía ser; ya que de semejante buen hermano, ¿qué cosa no podía esperarse con certeza? He compuesto estas cosas en la manera que he podido con mi ánimo entorpecido y extraño en este lugar tan apartado; y si diera la impresión de que remedian poco tu sufrimiento o no satisfacen mucho a tu ingenio, piensa que las palabras latinas no socorren fácilmente al que ensordece la pesada y descompuesta algarabía de salvajes.

¿Qué persona hay que posea una arrogancia tan soberbia y desenfrenada que, en esta necesidad inevitable de la naturaleza (que produjo la totalidad de las cosas para un mismo objetivo), pretenda que él y sus seres queridos deban estar exentos, deseando liberar alguna casa de la destrucción que amenaza a todo el mundo? Entonces, va a ser de mucho consuelo que cada uno piense que le ocurre lo que sufrieron todos los que ya pasaron, y lo que han de sufrir todos los que vengan; y considero que por este motivo la naturaleza quiso que todo aquello que hizo más desagradable fuese común, porque la igualdad fuese útil como consuelo en las inclemencias del destino. Y no te va a ayudar poco el considerar que el sufrimiento ha de tener algún beneficio para ti ni para la persona que perdiste; con lo cual no debes desear que dure lo que para uno y otro ha de ser inútil. Si hemos de aprovechar algo con la tristeza, no desecho dar a tu desdicha la parte de lágrimas que quedó de las mías, que, si te han de ser de alguna utilidad, aún encontraré alguna secreción en estos ojos consumidos con tantos llantos familiares. No pares, vamos a llorar, que yo quiero tomar esta causa como mía: «Oh, destino, en opinión de todos fuiste célebre por ser excesivamente amargo en haberte desviado de ese que, gracias a tus beneficios, había llegado a ser tan estimado, que ya su dicha (algo que ocurre en pocas ocasiones) se encontraba totalmente liberado de la envidia. Aquí puedes ver a quien entregaste el mayor sufrimiento que pudo obtener viviéndole César; y luego de haberle cercado por todos lados, conociste que solamente esta permanecía descubierta a tus heridas. Puesto que ¿cuál otro perjuicio podías provocarle? ¿Le ibas a despojar de sus las riquezas? Jamás vivió atado a ellas, y en este momento, en cuanto puede, las aparta de sí, y en medio de una felicidad tan grande por adquirirlas, no saca ningún otro mayor fruto de ellas que la oportunidad de desecharlas. ¿Le ibas a quitar los amigos? Tú sabías que era tan amable que fácilmente podría reemplazar con otros, en lugar de los que le arrebataras; ya que de todos los hombres poderosos que yo he podido conocer en los palacios de los príncipes, únicamente he visto a este cuya amistad (siendo tan ventajosa) no se busque por interés, sino más bien por simpatía y cariño. ¿Le ibas a robar la excelente opinión que tenían de él? La tenía tan asentada que no poseías tanto poder como para desacreditarle. ¿Le ibas a despojar de la buena salud? Ya conocías que su temperamento y constitución (no solamente criados, sino nacidos en las ciencias) se encontraban fundados de tal modo, que se alzaban sobre todos los dolores corporales. ¿Le ibas a quitarla vida? ¿Qué daño tan grande crees que le hacías, habiéndole prometido la gloria y la popularidad durante largos años? Él hizo todo de manera que estas le durasen en la mejor parte; ya que se libró de la mortalidad habiendo realizado excelentes obras de oratoria. Vivirá entre los hombres ilustres cuyos ingenios igualó; y si su modestia rechazara esto, entre aquellos que lo aplicaron, todo el tiempo que dure el dar honor a las letras, y mientras se conserve la fuerza de la lengua latina y la gracia de la griega».

«Entonces, pusiste la mira en aquellos a los que podías ofender más; puesto que cuando cada uno es mejor, sabe por el mismo motivo sufrirte más cuando ve que estás enfurecido sin ninguna razón y tremendo entre los elogios. Pero ¿qué te costaba dejar libre de ofensas a aquel hombre a quien parece había venido tu generosidad movida más por razón que por tu habitual capricho? Si te parece, agreguemos a estas quejas la excelente inclinación de aquel joven que cortaste entre sus primeros incrementos». Oh, Polibio, el fallecido fue digno de haberte tenido por hermano, y tú eres muy digno de no tener oportunidad de sufrir incluso por la muerte de algún hermano indigno. Él tiene la misma demostración de todos los hombres que le echan de menos en tu honor, alabándole en el suyo, sin que nunca hubiese tenido acción que no le reconocieras con gusto. Incluso para un hermano menos bueno, tú fueras bueno; sin embargo, habiendo encontrado tu compasión una materia idónea en él, se extendió más libremente. A nadie amenazó con que eras su hermano, ninguno conoció su potencia con ofensa. Siempre se había ajustado al ejemplo de tu honradez; puesto que todo cuanto eres de esplendor a tu familia, le eres de carga con el fin de que te imite, y él cumplió con esta obligación. ¡Oh, duro destino, siempre injusto con las virtudes! Tu hermano fue arrebatado antes de que conociera su felicidad. Veo muy bien que no es suficiente mi indignación, ya que no existe una cosa tan difícil como encontrar palabras que sean proporcionales a un enorme sufrimiento; sin embargo ¡ea!, quejémonos, si nos ha de ser de alguna utilidad. «¡Oh, violento e injusto destino!, ¿qué es lo que quisiste hacer? ¡Oh!, ¿acaso te arrepentiste tan pronto de tus regalos? Pero ¿qué clase de crueldad es esta? Realizaste una división entre dos hermanos, deshaciendo con un robo sangriento la compañía en concordia, y perturbando la casa engalanada con unos jóvenes que vivían en armonía (sin que hubiese alguno en ellos que se corrompiera), la sacrificaste sin ningún motivo. De acuerdo con esto, no es de utilidad la frugalidad antigua ni la inocencia ajustada con las leyes ni la fuerza de una felicidad muy grande, ni la cuidada abstinencia ni la conciencia limpia de toda mancha ni tampoco el puro y sincero amor por las letras». Polibio llora, y advertido con el fallecimiento de un hermano de lo que puede temer en los otros, viene a sentir miedo en lo mismo que es el consuelo de su sufrimiento. Es una hazaña poco digna. Polibio llora teniendo favorable a César. Oh, destino, indudablemente iniciaste esta crueldad con la finalidad de mostrar que ninguna persona puede ser defendida de tus manos, incluso por el mismo César.

Nos podemos quejar del destino en muchas ocasiones, sin embargo, no lo podemos cambiar, debido a que es duro e irremediable. Nadie lo puede mover ni con razones ni con lágrimas ni con infamias. No perdona a ninguno ni devuelve ninguna cosa. Entonces, abandonemos las lágrimas que no benefician, y el sufrimiento nos conducirá más fácilmente a donde se encuentra el difunto, que volverlo a nuestro lado para que le disfrutemos de nuevo. Si el sufrimiento angustia y no alivia, es conveniente dejarle al comienzo, retirando el ánimo del deseo amargo de llorar y de los consuelos débiles. Entonces, si la razón no le pusiera fin a nuestro llanto, es verdad que el destino no se lo pondrá. Polibio, acércate para acá, pon los ojos en los seres humanos, mortales todos, y podrás darte cuenta de que en todos ellos existe una continuado y largo elemento de llanto: a uno, su pobreza lo llama al trabajo cotidiano; otro le tiene miedo a las riquezas que tanto ambicionó, sufriendo con su mismo deseo; a uno, la solicitud lo entristece, a otro el cuidado y a otro la multitud que frecuenta los portales de su casa. Este se lamenta de que tiene demasiados hijos, aquel de que han fallecido. Se acabarán las lágrimas antes que las causas del sufrimiento. ¿No te das cuenta de la vida que la naturaleza nos ha prometido? Pues ella quiso que el llanto fuese el primer presagio. Llegamos al mundo con este principio, y en él consiste el orden de los años por venir, y de este modo pasamos nuestra existencia. Por tanto, es conveniente que lo que se debe hacer muchas veces se realice moderadamente y atendiendo a que son muchísimas las cosas tristes que vienen siguiendo nuestras huellas; y si no le pudiéremos poner final a las lágrimas, al menos debemos guardar algunas. No hay ninguna cosa en la que se debe ser más moderado que en esta, de la que tan habitual es el uso. No dejará tampoco de ayudarte mucho el comprender que a ninguno es menos grato tu sufrimiento que al mismo a quien consideras que le das. Él no desea que te entristezcas o no comprende por qué te entristeces. De acuerdo con esto, no hay ningún motivo para esta demostración. «Porque es superflua si aquel por quien se hace no la siente; y si la siente, le es muy triste».

Me atrevo a asegurar que en todo el mundo no hay ninguna persona que disfrute con tu llanto. Entonces, dime: ¿para qué sirve? ¿Crees que tu hermano tiene contra ti el ánimo que ninguna otra persona tiene, deseando que te atormentes con tu sufrimiento, y que pretende alejarte de tus ocupaciones, quiero decir, del servicio del César y de tus estudios? Esto no es creíble, puesto que siempre te quiso como a un hermano, te respetó como a un superior y te idolatró como a un padre; y de esta forma, no quiere que te atormentes, a pesar de que desea que le eches de menos. Entonces, ¿de qué sirve que te consuma el sufrimiento que tu propio hermano (si es que hay sentidos en los muertos) quiere que se termine? Yo con duda diría esto de otros hermanos, de cuya voluntad no hubiera una certeza tan clara y segura. Si tu hermano quisiera que te atormentaras con lágrimas inacabables, no fuera digno de tu cariño; y si él no lo desea, abandona tú ese sufrimiento inútil. Porque el hermano que fue bueno y amoroso no querrá que le llores, y el poco amoroso no debe ser llorado tanto. En aquel, en quien el amor fue tan conocido, debemos tener por algo verdadero que no hay ninguna cosa que le puede ser más desagradable que este suceso. Si es desagradable y agrio para ti, y si de cualquier manera te atormenta y enturbia tus ojos que no dignos de ningún mal, y si los cansa sin poner final a las lágrimas, no hay ninguna cosa que alejará tanto a tu cariño de esas lágrimas inservibles como el pensar que debes dar ejemplo a tus hermanos de sufrir con mucha dignidad y fortaleza este agravio del destino. Debes hacer en esta oportunidad lo que hacen los grandes capitanes en los acontecimientos más graves: se muestran contentos, ocultando con una alegría fingida las situaciones adversas, con la finalidad de que los soldados no desmayen viendo que el ánimo de su capitán está perturbado. Igual debes hacer tú, mostrando la cara diferente del ánimo; y si lo pudieres acabar contigo, debes desechar completamente el sufrimiento, y si no pudieras, por lo menos guárdalo dentro de ti, recluyéndolo, con la finalidad de que no se deje ver; trata de que tus hermanos te imiten, puesto que ellos van a tener por justo todo lo que ven que tú haces, y de tu cara formarán su ánimo, y debiendo ser para ellos quien consuela y el consuelo, si le dieras riendas largas a tu sufrimiento, no podrás impedirles el suyo.

Alejará también de ti el sufrimiento excesivo el convencerte de que no se pueden ocultar ninguna de las cosas que haces. El aplauso colectivo de los hombres te ha dado una estimación enorme; es conveniente mantenerla. Mira qué fuerzas tiene contra el sufrimiento toda esta gran cantidad de consoladores que te tiene cercado cuidando de tu ánimo; y además ponen sus miradas en la tuya especulando si sabes presumir de tanta habilidad en las cosas prósperas que sepas sufrir las desfavorables de una manera valiente. Las acciones de aquellos cuyos afectos se pueden ocultar son más libres. Por haberte puesto el destino en mucha luz, no hay secreto libre para ti. Todos sabrán cómo te has dominado en esta herida, y si estuviste firme en el puesto o rendiste las armas al recibirla. Hay días en que el cariño de César te levantó al estado más alto al que tus estudios te trajeron. No es decente para ti ninguna acción humilde y plebeya. ¿Qué cosa hay tan débil y ratera como entregarte al sufrimiento para que te consuma en sus llamas? No te es permitido, en igual sentimiento, lo que es a tus hermanos. La opinión recibida de tus costumbres y estudios no te permite demasiadas cosas. Lo que los hombres esperan y quieren de ti es mucho. Si deseabas que todo te fuese permitido, no debías haber atraído los ojos de todos hacia ti. Es obligatorio ahora que cumplas todo lo que prometiste a los que celebran y elogian las obras de tu inteligencia; que muchos necesitan de tu talento, a pesar de que algunos no necesitan de tu suerte. Son una atalaya de tu ánimo, con lo cual nunca podrás realizar una acción que nos sea digna de un hombre sabio y perfecto, sin que muchos sientan arrepentimiento de lo que se asombraron tus partes. Llorar excesivamente no te es permitido; y no es esto únicamente lo que te es permitido, pues todavía no lo es el prolongar el sueño a una pequeñísima parte del día ni tampoco lo es el escapar de la multitud de los negocios, retirándote al entretenimiento de tu jardín, ni el recrear el cuerpo cansado por realizar el difícil oficio con algún paseo voluntario ni disponer el día a tu libre albedrío ni alentar el ánimo con la inmensa variedad de espectáculos.

Hay muchas cosas no te son permitidas, que sí lo son a las personas humildes que están despreciadas en todos los rincones. Cuando la fortuna es inmensa se transforma en una esclavitud muy grande. Tampoco te es permitido hacer ninguna cosa por tu propio gusto. Debes darles audiencia a tantos millares de personas, debes disponer tantas solicitudes, debes acudir al despacho de tantas cosas como suceden de todas partes del mundo con el fin de poder cumplir por orden de oficio de un ministerio tan importante; y esto necesita un carácter sereno. Y afirmo que no te es permitido llorar, porque debes secar tus lágrimas para tener tiempo de escuchar las quejas y lamentos de muchos que sufren, y para que sean útiles las lágrimas de los que anhelan alcanzar la compasión del muy piadoso César. Solo considera la fe y el propósito que debes a su afecto, y comprenderás que el retirarte no te es permitido, como tampoco lo es a aquel que (de acuerdo con lo que aseguran las fábulas) tiene el mundo encima de sus hombros. Al propio César, a quien le es permitido todo, no le son permitidas muchas cosas por esta causa. Su cuidado defiende las casas de todos, su ocupación el descanso de todos y su maestría los deleites de todos. A partir del día que César se dedicó a gobernar el mundo, se despojó del uso de sí mismo, al modo que a los otros que deben continuamente seguir su curso, sin serles permitido ni detenerse ni ocuparse en nada suyo. De esta manera a ti, en cierta forma, te corresponde la misma obligación, no siéndote permitido volver la mirada a tus estudios ni a tus ganancias. Siendo César el dueño del mundo, no te puedes entregar al placer ni al sufrimiento, ni tampoco a ninguna otra cosa, porque te debes completamente a César. Agrega que confesando que tú amas a César más que a tu propia vida, no te es permitido, si estás viviendo, el quejarte del destino. Todos tus deudos están a salvo mientras viva César; no has tenido ninguna pérdida, y de este modo, no tendrás solamente los ojos enjutos, sino contentos. Es que todo lo tienes en César, y él te es suficiente para todo y todos. Serás poco agradecido al destino (algo que está demasiado lejos de tus muy sensatos sentidos) si le dieras permiso a las lágrimas viviendo César. Te quiero dar también otro remedio por lo menos más familiar, aunque no más firme. El tiempo en que le podrás temer a la tristeza es cuando te recoges en tu casa; puesto que, si estuvieras mirando a César, ella no va a tener entrada en ti, ya que él te poseerá completamente; sin embargo, alejándote de su vista, entonces, aprovechando la oportunidad, el sufrimiento le pondrá emboscadas a tu soledad, y lentamente entrará en tu ánimo, encontrándote sin una ocupación. Es conveniente que no permanezcas mucho tiempo alejado de los estudios; entonces las letras, con tanta dicha y durante tanto tiempo amadas por ti, te van a ser gratas defendiendo a su venerador y su presidente. Virgilio y Homero (a quienes tanto deben los seres humanos, como ellos también te deben a ti por haberlos hecho conocidos de más países de aquellos a los que dirigieron sus escritos) en aquel momento te van a asistir por muchos ratos, y con eso va a estar seguro todo el tiempo que les entregaste con el fin de que te defiendan. Podrás componer, entonces, las obras de tu César, con la finalidad de que se canten en todas las edades con alocución doméstica y cotidiana. Vamos, escribe todo lo que te sea posible, pues él te va a dar ejemplo y temas para escribir todos los acontecimientos.

Yo no me atrevo a pasar tan adelante, dándote el consejo de que con tu habitual elocuencia enlaces apologías y fábulas, obra todavía no intentada por los ingenios de Roma. Ya que es una cosa muy difícil que un ánimo herido de una manera tan fuerte pueda tan pronto pasar a estudios jubilosos. Si de los estudios serios y graves pudiere pasar a estos más libres, puedes estar seguro de que es una señal cierta de que el ánimo se encuentra fortalecido y de regreso a su ser; porque en aquellos, a pesar de que la austeridad de las cosas que trata le llaman contra su voluntad e incluso estando enfermo, no va a aceptar estos otros que se deben tratar con frente desarrugada si no es cuando estuviere convalecido completamente. De esta manera, a los principios les debe ejercitar en materias más severas, y luego templarle con otras mucho más alegres. Te va a ser también de enorme alivio si te hicieras esta pregunta: «¿El sufrimiento que tengo es en el nombre del difunto o en el mío? Si es en el mío, se termina la jactancia que tenía habitualmente de mi sufrimiento, y empiece el dolor, sin que en él exista otro pretexto más que el ser honesto; ya que mira a su propia utilidad al desechar el sentimiento, y no hay ninguna cosa menos decente para el hombre bueno que derramar lágrimas por cuenta y razón en el fallecimiento de su hermano. Es indispensable, si me aflijo y duelo en su nombre, que uno de los dos sea juez; porque si no les queda ningún sentido a los muertos, mi hermano, ya liberado de todas las molestias y fatigas de la existencia, se encuentra devuelto al lugar donde estuvo antes de que viniera al mundo, y libre de todo mal, no hay cosa a la que le tenga temor, ninguna que sufra y ninguna que anhele. Por tanto ¿qué locura es no dejar nunca de dolerme por el que nunca va a sentir ningún dolor? Si hay algún sentido en los muertos, ya el ánimo de mi hermano, como liberado de una prisión muy larga, se contenta, disfrutando de la vista de la naturaleza de todas las cosas, despreciando desde un lugar muy elevado todas las cosas de los seres humanos, y viendo las divinas mucho más de cerca, aquellas cuyo conocimiento buscó inútilmente durante tanto tiempo.

Entonces, ¿por qué razón me entristezco por aquel que o es bienaventurado o deja de ser? Es envidia llorar por el bienaventurado, y es locura hacerlo por el que ya no es».

¿Quizá te mueve el ver que no tiene ya los grandes bienes que tenía a su alrededor? Cuando pongas el pensamiento en las muchas cosas que abandonó, ponte en que son también muchas a las que ya no les tiene miedo. La ira no le va a atormentar ni la enfermedad le va a afligir; la sospecha no le va a causar congoja; la tragadora envidia, enemiga del crecimiento de otros, no lo va a perseguir; el pánico no le dará cuidado ni tampoco lo va a inquietar la deslealtad de la suerte, que en un momento transfiere sus regalos a otros. Si realizas bien la cuenta, es mucho más lo que se le perdonó que lo que se le arrebató. No disfrutará de las riquezas ni de su gracia y la tuya; no va a recibir beneficios ni tampoco los va a dar. ¿Se considera dichoso porque no desea estas cosas o desdichado porque las perdió? Te aseguro que es más dichosa aquella persona que no necesita de la fortuna que la que la tiene a su favor. Es que todos estos bienes que con bello aunque engañoso deleite nos contentan: las dignidades, el poder, la fuerza, el dinero y las otras cosas que con embeleso mira la ciega codicia de la raza humana, se miran con envidia y se obtienen con trabajo, causando quebrantos a los mismos a quienes engalanan, y siendo mucho menos lo que prometen que lo que amenazan. Así, todas estas cosas son inciertas y fluctuantes, y nunca se tienen con certeza; ya que cuando terminasen los temores de lo que está por venir, la misma conservación de la felicidad inmensa es muy cuidadosa. Si deseas dar crédito a aquellos que de una manera más alta ponen la mirada en la verdad, toda nuestra existencia es un auténtico castigo. Nos lanzaron en este mar inestable y profundo, que es mutuo con inestables otoños; que ya levantándonos con crecimientos inesperados y después desamparándonos con daños mayores, nos descompone, sin dejar que estemos en un lugar firme y seguro. Caminamos absortos y oscilando, y chocamos unos con otros, y aunque los naufragios ocurran algunas veces, los temores son permanentes. No hay ningún otro puerto si no es el de la muerte para los que navegan en este mar tormentoso expuesto a todas las tempestades. Entonces, no envidies a tu hermano, que ya está tranquilo, seguro, libre y eterno. Él los tiene vivos a ti y todos los otros hermanos; tiene vivo a César y a toda su generación. Cuando la suerte se le mostraba favorable, y cuando con mano generosa le iba acumulando regalos, él la dejó antes de que ella hiciera algún cambio en sus favores y sus dones. Ahora está disfrutando de un cielo libre y descubierto, habiendo pasado de un lugar muy humilde y triste a brillar en aquel (sea el que fuera) que recibe en su feliz seno las almas que abandonan las cárceles de sus cuerpos; con elevado deleite observa todos los bienes de la naturaleza y ya se extiende con total libertad. Andas equivocado, porque tu hermano alcanzó una luz más segura, no la perdió: el viaje con él nos es común a todos. Entonces, ¿con qué fin lloramos por su destino? Que él solo nos dejó durante un tiempo: se marchó antes.

Te aseguro, Polibio, que en la misma enorme felicidad se encuentra la dicha de morir, no habiendo ninguna cosa verdadera que pueda durar un día. Entonces, ¿quién, en tan dudosa y oscura verdad, puede adivinar si la muerte cuidó a tu hermano o lo envidió? Es igualmente necesario que la justicia que mantienes en todas las cosas te ayude a pensar que en arrebatarte tal hermano no te hizo ninguna ofensa, sino que, por el contrario, te hizo un regalo por todo el tiempo que te fue permitido disfrutar y utilizar su cariño. Es injusto el que no deja albedrío en los obsequios al que los da, y ambicioso aquel que no cuenta lo que recibió como ganancias, contando lo que restituye como pérdida. Es muy ingrato el que llama ofensa al fin del deleite; es ignorante aquel que piensa que no solo hay fruto en los bienes actuales, y el que no se tranquiliza con los pasados, teniendo por más ciertos los que se le fueron, puesto que de ellos no hay miedo a que se vayan otra vez.

El que considera que disfruta solamente los bienes que tiene y ve presentes, no estimando los que tuvo, pone términos muy estrechos a sus gustos. Puesto que con mucha rapidez huye de nosotros el deleite que corre y pasa y casi se nos quita antes de que llegue. De manera que se debe poner el ánimo en el tiempo que ya pasó, reduciendo y recordando con frecuencia lo que nos fue posible en algún tiempo. La memoria de los deleites es más larga y fiel que su presencia. Pon entre los bienes más grandes y valiosos el haber tenido un hermano tan bueno y amoroso; y no pienses en que pudiste tenerlo durante mucho más tiempo, sino en que lo tuviste y pudiste disfrutarlo. Es que la naturaleza de las cosas hace contigo lo mismo que con los otros hermanos: te lo dio prestado, no en propiedad, y luego, cuando quiso, te lo pidió otra vez; y en esto atendió a su ley, no a tu satisfacción. Entonces, ¿no será tenido por injusto aquel que sufriera de una forma molesta el devolver la moneda que se le dio en préstamo, y especialmente la que recibió sin ningún interés? La naturaleza le dio vida a tu hermano, y también te la dio a ti; y, utilizando luego su derecho, ella cobró primero la deuda de quien le provocó. No se le puede imputar ninguna culpa, siendo su condición tan conocida: se le debe imputar a la esperanza ambiciosa del ánimo mortal, que se olvida de tal forma de lo que es la naturaleza, que únicamente se acuerda de su ser cuando la reprenden. Entonces, alégrate de haber tenido un hermano tan bueno, y agradece por el beneficio que disfrutaste de él, a pesar de que fue más corto de lo que anhelabas. Solo piensa que fue muy placentero lo que tuviste para ti, y que era humano lo que perdiste, puesto que no existe una cosa más incongruente entre sí que mostrar dolor de que te haya vivido poco un tal hermano, y no tener alegría por haber tenido tal hermano. Me dirás: «Es así, sin embargo, me lo arrebataron cuando ni siquiera lo pensaba». Polibio, a cada uno su credulidad lo engaña, y el olvido de la muerte en todas las cosas por las que siente un amor profundo. La naturaleza no le prometió a ningún ser humano que haría ninguna concesión en cuanto a la necesidad de morir. «Por delante de nuestros ojos pasan cada día los entierros de gente conocida y desconocida, y nosotros, entretenidos en otras cosas, llamamos inesperado lo que, relacionándose íntimamente con nosotros, se nos está aproximando durante toda la vida» De acuerdo con esto, la rigurosidad del destino no tiene ninguna culpa, sino la malicia del entendimiento humano que, insatisfecha de todas las cosas, siente abandonar la posesión en la que fue aceptada por voluntad propia.

Índice